AF318540

Paff. du centre	*Antarès..*	11. 21. 30½		15. 27. 10
	Jupiter..	12. 2. 5½	9. 53. 36	19. 20. 50
Le 6.	*Soleil...*	0. 3. 40		
Paff. du centre	*Arcturus*	9. 9. 39		61. 43. 15
	Antarès	11. 19. 20		15. 27. 10
	Jupiter..	11. 58. 17	9. 45. 35	19. 21. 35

4.° *Pour la même Oppofition, faites au Donjon du Luxembourg à Paris, par M. de la Lande.*

L'étoile 6 m avoit pour $\begin{cases} \text{Afcenfion dr. appar. } 2\,37^d\ 51'\ 35'' \\ \text{Déclin. auftr. appar. } 19.\ 7.\ 21 \end{cases}$

JUIN 1758.		TEMPS de la Pendule.	TEMPS VRAI des paffages au Méridien.	DIFFÉRENCE obfervée des Afcenf. droites.	HAUTEURS vraies.
Le 6.	6 m...	10ʰ 51' 29"	10ʰ 51' 51"	15ᵈ 33' 31"	22ᵈ 2' 29"
Paff. du centre	♃....	11. 53. 32	11. 53. 54		19. 10. 54
Le 7.	6 m...	10. 47. 13	10. 47. 46	15. 25. 14	22. 2. 29
Paff. du centre	♃....	11. 48. 43	11. 49. 16		19. 11. 31

JOURNAL

DES

OPÉRATIONS MILITAIRES

DU SIÉGE ET DU BLOCUS

DE GÊNES.

JOURNAL

DES

OPÉRATIONS MILITAIRES

DU SIÉGE ET DU BLOCUS

DE GÊNES,

Précédé d'un Coup-d'Œil sur la situation de l'armée d'Italie, depuis le moment où le Général MASSENA en prit le commandement, jusqu'au blocus.

PAR UN DES OFFICIERS-GÉNÉRAUX DE L'ARMÉE.

———

A PARIS,

Chez MAGIMEL, Libraire pour l'Art Militaire et les Sciences et Arts, quai des Augustins, près le Pont-Neuf.

———

AN NEUF.

A L'ARMÉE D'ITALIE.

*S*ɪ *les désastres de la guerre laissent après eux de douloureux souvenirs, du moins il est vrai que la constance, le dévouement, et la valeur de nos troupes jettent, au milieu de tant de sujets de tristesse, des détails également glorieux et consolans pour la Patrie.*

Ces détails offrent des faits qui méritent d'être consacrés ; et c'est à ce titre qu'il est infiniment doux et satisfaisant pour moi, de publier aujourd'hui le Journal des Opérations du blocus et du siége, que la droite de l'armée d'Italie a soutenu dans Génes.

Par le concours des efforts de cette aile droite, par ceux des braves de Maringo, et plus encore par le Génie qui dirigea toutes les opérations de cette Campagne, le nom d'armée d'Italie n'est plus pour nous un de ces mots vides de sens ; ce n'est plus une de ces expressions consacrées par l'habitude, ou qui ne rappellent que des désastres.

Aujourd'hui ce nom reconquis par la Victoire, est de nouveau, et par l'ensemble heureux des opérations de cette Campagne, un présage certain de triomphe et de gloire.

AVERTISSEMENT.

L'HABITUDE de rédiger toutes les opérations militaires que je suis à même de connoître, m'a fait faire ce Journal.

Mon dévouement au général Massena m'a déterminé à lui en faire hommage.

Ma déférence pour ses intentions donne à ce travail une publicité qu'il n'étoit pas destiné à avoir.

N'ayant eu intention de le faire que pour moi seul, je ne me suis attaché qu'à présenter les faits qui y sont consignés, avec une exactitude scrupuleuse.

Puissé-je avoir rempli ce but aux yeux des militaires justes et éclairés, qui ont concouru aux opérations de ce blocus!

Je finirai en priant le lecteur de vouloir bien observer que ce Journal a été écrit au milieu des travaux d'une campagne fort active, et qu'il a été terminé loin de tous matériaux.

Les momens qui y ont été donnés ont dû être dérobés à des occupations aussi importantes que multipliées.

Ce mot doit sans doute rendre indul-gent pour les négligences et lacunes qui peuvent s'y trouver.

COUP-D'OEIL

SUR LA SITUATION

DE L'ARMÉE D'ITALIE,

Depuis le moment où le Général Massena en prit le commandement, jusqu'au blocus de Gênes.

Le blocus de Gênes est par son importance, et par les circonstances qui l'ont accompagné, l'une des opérations les plus faites pour exciter la curiosité générale, et en particulier pour inspirer le plus vif intérêt, aux militaires et à tous les français. Il tiendra certainement une place distinguée dans l'histoire de cette nouvelle guerre de la Révolution.

Pour qu'il ne reste aucun doute à cet égard, il suffit de se rappeler que Gênes (la seule place importante qui nous restât en Italie), se trouvait en même tems l'objet de l'ambition de la maison d'Autriche, et de la sollicitude de la République française; que Gênes, défendu par une poignée de soldats débiles, composant, après les désastres de la dernière campagne, les débris de l'armée d'Italie, fut attaquée par une armée fraîche, victorieuse, et par des forces quintuples des nôtres ; que la prise de Gênes avait paru si importante à l'Empereur, que c'est à Vienne que s'arrêta le plan de cette attaque, dans laquelle on mit à profit nos maux présens et passés, notre dénuement, notre misère, et tous les désavantages de notre position militaire ; et que la coalition entière semblait avoir en quelque sorte attaché l'honneur de la campagne, ou du moins de son début, à l'occupation de cette place. D'ailleurs tout devoit nécessairement faire desirer aux puissances belligérantes, d'une part, de conquérir ; et de l'autre, de conserver Gênes ; puisque si l'Empereur parvenait à nous l'enlever, il se trouvait maître de l'Italie entière, pouvoit espérer de reprendre ses premières positions sur les Alpes maritimes, attaquer la Suisse, ou, avec la réunion de ses troupes, résister aux efforts que nous pourrions faire de ce côté, ou enfin renforcer son armée du Rhin ; et puisque si, au contraire, nous restions toujours maîtres de Gênes, nous formions une diversion puissante qui ne pouvoit manquer de favoriser, de la manière la plus heureuse, les opérations de nos armées dans la Suisse, ou leur entrée en Italie, par les débouchés du Haut-Piémont.

Mais indépendamment de ces considérations majeures, et sans même parler des avantages commerciaux que Gênes procure, de quelle importance militaire n'est pas, pour l'armée qui doit faire la guerre dans le Piémont, cette place qui offre en même tems un lieu commode pour les arrrivages et les magasins, et un point d'appui infiniment respectable ? De quelle importance n'est-elle pas pour le commerce et la sûreté de la Corse, et de tout le midi de la France ?

Tout fut donc mis en usage par l'ennemi pour s'assurer de cette conquête, qu'il entreprit avec tous les avantages possibles. Suivons la série étonnante des faits qui composent cet historique, et voyons combien le génie peut suppléer aux ressources, et la valeur au nombre.

Mais avant de commencer la narration des faits particulièrement relatifs au blocus, jetons les yeux sur la situation de l'armée, lorsque le général Massena en prit le commandement ; osons entrer un moment dans cet examen douloureux ; pour cela fouillons jusque dans les tombeaux ; et cependant, afin d'échapper rapidement à ce triste sujet, bornons-nous à en esquisser le tableau, et ne consacrons que quelques-uns des faits les plus avérés. Ecartant ainsi de tristes souvenirs, nous nous épargnerons, de même qu'à nos lecteurs, les détails des horreurs auxquelles cette armée avait été réduite, autant néanmoins qu'ils ne seront pas étroitement liés à notre sujet, et indispensablement nécessaires pour donner la mesure des efforts surnaturels qui facilitèrent à l'armée de réserve, ses débouchés en Italie, et auxquels la France dut, pendant les deux mois de son blocus, la conservation de Gênes ; et par le traité qui le termina, la conservation de toute son armée.

Au moment où le général Massena vint à l'armée d'Italie, tout présageait pour elle d'inévitables désastres ; et en effet de quelque côté que l'on portât ses regards, on ne découvrait que des principes de désorganisation et de mort.

Dénuée de tous secours, cette malheureuse armée, dans la misère la plus profonde, achevait l'hiver le plus rigoureux, sur les âpres rochers de la Ligurie.

Pâles, languissans et défigurés, affamés et nus, découragés et abattus, les soldats ne présentaient aux yeux que des spectres. Les routes

étaient couvertes de mourans et de cadavres ;
et ceux des premiers qui parvenaient à se traî-
ner jusqu'à un hôpital, y étaient sans paille,
sans le plus léger aliment, sans secours d'aucune espèce, et y trouvaient sur un marbre
glacé, et au milieu des cadavres (que même à
la fin dans beaucoup d'hôpitaux, on n'enterrait
plus que très-tard) une mort plus prompte,
plus cruelle, et plus certaine que dans les
camps mal sains et sur les routes qu'ils quit-
taient (1.)

---

(1) L'horreur que les hôpitaux inspiraient était telle,
que beaucoup de militaires restaient malades à leur
corps, et préféraient y mourir, plutôt que d'aller à
l'hôpital ; il y en a qui sont morts à la porte des
hôpitaux plutôt que d'y entrer ; il y en a qui, pour
terminer les insupportables privations que l'on souf-
frait dans les hôpitaux, se sont jetés par les fenêtres.

Une anecdote achèvera de jeter un jour hideux sur
les désordres auxquels cette partie était en proie.

Un officier de santé ne recevant rien de sa solde,
pria l'économe d'un des hôpitaux de Gênes de lui
donner, pour subsister (en attendant que l'on payât
quelque chose sur l'arriéré), une ration de vivres.
L'économe la lui promit, *à condition qu'il mettrait
au quart de portion, des malheureux, qui, pour
se rétablir, n'avaient la plupart besoin que de
nourriture.* L'officier de santé, révolté, refusa avec
indignation, d'acheter à ce prix le soulagement qu'il
sollicitait.

Ces faits qui prouvent ce que devaient être tous ceux que nous omettons, étaient le résultat du brigandage, autant que de l'abandon; et c'est ainsi que dans ces lieux, où le moindre vol est un asssassinat, des français recevaient la mort des mains d'où ils attendaient la vie; et que la peste produite par ce concours de désordres, finit bientôt par dévouer au même sort presque toutes les victimes qui, pendant ces jours de calamnités, étaient sans cesse conduites par l'excès des souffrances, dans ces séjours de la douleur, du crime, et du désespoir, pour y être immolées à la cupidité la plus atroce.

Toutes les parties de service dans l'armée présentaient d'aussi déplorables résultats : partout la misère la plus cruelle faisait les ravages les plus affreux; tout était vide, les magasins et les caisses; tous les efforts successifs des différens chefs de cette armée, n'avaient servi qu'à prouver leur inutilité; toutes les ressources publiques et privées étaient épuisées; toutes les espérances étaient évanouies; et l'armée, dans cet état pitoyable, se consumait avec une rapidité effrayante, par les épidémies et par les désertions (2).

----

(2) Tous ces détails sont encore autant au-dessous

Des maux de cette nature, portés à ce degré, et auxquels l'ancien Gouvernement, malgré des promesses sans cesse réitérées, n'avait appliqué depuis sept mois aucun remède efficace, n'avaient pu manquer d'en produire toujours de nouveaux; et c'est par leur concours, que s'effectuait chaque jour la dissolution de l'armée. Déjà les corps partaient sans chefs et sans ordre (3), et les généraux sans congé ni permission. Tout le monde fuyait ces contrées livrées au désespoir, et cherchait à échapper à la mort, qui de tous côtés y paraissait sous la figure la plus hideuse. C'est ainsi que, sans faire usage de ses armes, l'ennemi nous vit, dans la rivière de Gênes, perdre dans un seul hiver, (le plus désastreux dont les annales de la guerre puissent faire mention), près de trente mille combattans (4).

Tel était pourtant l'état épouvantable de cette

---

de la vérité, qu'ils paraîtront peut-être exagérés aux hommes qui n'en ont point été les témoins.

(3) C'était un spectacle touchant de voir des corps d'officiers abandonnés de leurs soldats, rester seuls aux postes confiés à leurs troupes.

(4) C'est ainsi que le général Massena, qui jugea de la force de cette armée par les états qui lui furent remis à Paris, ne put manquer de se tromper. Lors-

armée, lorsque le général Massena, par le dévouement le plus généreux, quittant une armée victorieuse et dans l'abondance, en accepta le commandement (5).

Son séjour à Paris (6) et toute sa route, avaient été employés à se préparer des moyens,

---

qu'un mois après, il eut la possibilité de vérifier sa force, il la trouva affaiblie d'un tiers.

Aussi, le 28 nivôse, écrivait-il au Ministre de la Guerre : « La force de cette armée ne vous est » point encore connue ; elle est bien loin d'être telle » qu'elle est portée dans l'état que vous m'avez » remis à Paris ».

(5) Comme le commandement le plus difficile est toujours le plus honorable, (quoique parfois le moins brillant), celui de l'armée d'Italie appartenait au général Massena ; mais outre cette considération, il pouvait encore le flatter. Le premier théâtre de la gloire de Bonaparte est toujours pour la guerre, le premier théâtre du monde ; et le nom seul d'armée d'Italie conservait encore un prestige de victoires, que tous ses désastres n'avaient pu lui ôter.

Cette armée paraissait toujours n'attendre qu'un événement favorable pour reprendre son premier éclat.

(6) Jugeant de l'état déplorable de cette armée par le rapprochement de ce qu'il en avait appris, et de la connaissance qu'il avait de sa position ; sachant combien l'état des affaires de la République laissait au Gouvernement peu de moyens de la secourir, et

et

et à activer l'exécution des mesures prises par
le premier Consul.

Rien n'avait échappé à sa prévoyance; les
dispositions militaires et autres étaient également prises. Sans connaître entièrement l'é-
tat déplorable de l'armée, il savait cependant
qu'elle avait d'immenses besoins, et sa sollicitude fut telle qu'elle pouvait l'être dans l'ame
d'un homme animé de la forte volonté d'arracher cette armée aux maux qui en ame-
naient journellement la dissolution totale.

De cette manière, il obtint d'une part quelques fonds, avec promesse d'envois successifs (7), et de l'autre des marchés d'après

---

convaincu néanmoins que dans la Ligurie, elle ne
pouvait être nourrie, soldée, et habillée que par la
France, il se détermina à se rendre à Paris, et à
ne quitter cette ville qu'après avoir assuré les principaux services de l'armée.

(7) La solde, qui devrait toujours être au courant,
à cause des maux que le manque ou le trop d'argent
fait aux troupes, était arriérée de cinq, six, et sept
mois. Le paiement de cet objet si important fut
hypothéqué sur les caisses de départemens, dont l'état
fut fourni au général Massena. Indépendamment de
cela, il demanda d'être mis à même de payer, en
arrivant à l'armée, un ou deux mois de solde aux
troupes; cet à-compte lui paraissant nécessaire pour
animer des hommes qui depuis si long-tems n'avaient

B

lesquels l'armée devoit être vêtue, nourrie, et approvisionnée (8). Il prévit les dangers de la mer pour les convois que l'armée croyait recevoir de France; et pour les diminuer, il se fit remettre douze lettres de marque pour l'armement de bâtimens destinés à protéger le petit cabotage. Enfin, pour être en mesure dans les cas non prévus, il reçut du premier Consul, des pouvoirs extraordinaires, également relatifs aux parties militaires, politiques, administratives, et financières, et s'étendant de

---

rien reçu. Il organisa outre cela, de la part de la Compagnie Antonini, chargée des subsistances, un versement de 1,200,000 francs dans les caisses de l'armée.

(8) D'après le premier de ces marchés, passé avec la Compagnie Antonini, cette dernière fut chargée des vivres-pains, des liquides, et des fourrages, à dater du 15 nivôse. Outre le courant, elle devait toujours avoir en magasin 200,000 rations de biscuit à Grenoble, et 600,000 à Nice ; elle devait encore, d'après l'article 9 de son marché, avoir 100 caissons et 4000 mulets pour les transports de l'armée.

D'après le second, la Compagnie Amiette et Valette était chargée des vivres-viandes.

D'après le troisième, dont le Général en chef reçut copie ainsi que des deux premiers, le citoyen Bourset avait la fourniture d'une partie de l'habillement.

même à l'armée active, et aux départemens qui en dépendent.

Persuadé, d'après toutes ces mesures, qu'il lui serait possible de faire le bien qu'il méditait, il partit pour le hâter.

En se rendant à l'armée, Lyon fut la première ville où son activité eut occasion de se manifester (9).

Les chevaux nécessaires pour remonter l'artillerie et la cavalerie, qui en totalité étaient rentrés en France, devaient y être réunis sous l'inspection du général de brigade Beaurevoir. Des magasins d'habillement et d'équipement devaient y être formés ; tout cela fut pressé par

---

(9) C'est à Lyon que l'état affreux de la cavalerie que le Général en chef y trouva, commença à lui donner une idée juste de celui du reste de l'armée. Tout le long du Rhône, il vit les troupes dans le même dénuement, et vivant de réquisitions au milieu de la France même. A Aix, il eut, dans la situation de la 55ᵉ de ligne, un échantillon de celle des autres corps ; et chaque jour il ne fit qu'ajouter aux tristes observations qu'il avait déjà faites, des observations plus tristes encore, et qu'accumuler des faits qui auraient dès ce moment découragé un homme moins doué que lui, de cette volonté forte de faire bien, et de cet esprit éclairé, juste et fécond en moyens, devant lequel tous les obstacles semblent devoir disparaître.

les ordres et les instructions qu'il laissa (10).
Arrivé à Marseille , il vit que la compagnie
Antonini manquait à tous ses engagemens ; il
il se hâta d'en prévenir le Gouvernement ; mais
afin d'échapper à des retards qui pouvaient
tuer l'armée , il chercha au mal qui pressait ,
un remède prompt. Il y avoit dans ce port
douze mille quintaux de blé , appartenans à
des négocians liguriens ; il en traita , et de suite
les fit expédier (11) pour Gênes et la rivière
du Ponent.

Il comptait rester dans cette ville le tems
nécessaire pour assurer le départ de tout ce qui
était destiné à l'armée ; mais la nouvelle de la
mort du général Championnet , et des désordres que l'excès de la misère multipliait
chaque jour dans l'armée , détermina son départ. Avant de l'effectuer , il obtint encore
des cent premières maisons de cette place ,
quinze mille quintaux de blé , dont il affecta

---

(10) Le chef de bataillon Salet fut spécialement
chargé de tout ce qui pouvait se trouver dans les
7ᵉ, 8ᵉ, et 9ᵉ divisions militaires , en effets d'habillemens, d'équipement, et de chaussures.

(11) Ce grain arriva le jour où les troupes avaient
reçu le pain fait du dernier bled qu'il y eut dans les
magasins de l'armée.

le paiement sur les deniers de la compagnie Antonini (12).

A Toulon, il prit des mesures pour arrêter la désertion qui, dans l'armée, devenait générale ; et d'avance il en prépara l'exécution.

En arrivant à Fréjus, il trouva un bataillon de la 14e. de ligne, qui avait abandonné son poste ; lui seul le ramena à l'armée.

A Antibes, il trouva le général Marbot (13)

---

(12) Son séjour à Marseille fut marqué par beaucoup d'autres travaux qu'il serait trop long de rapporter. Nous citerons cependant :

1°. Un réglement pour la police de l'extraction des grains.

2°. La proposition faite au Gouvernement, d'un marché d'habillemens, payable, au défaut d'argent, en vieux cuivres existans à Toulon.

3°. Les mesures pour hâter l'exécution du marché d'habillement passé avec la Compagnie Bourset, et à laquelle il accorda en paiement, une extraction de 22,000 charges de grain.

4°. L'ordre à l'ordonnateur en chef, de passer de suite un marché de 10000 paires de souliers, livrables sur le produit des extractions.

(13) Il ne restoit en ce moment à l'armée d'Italie, que quatre généraux de division, savoir ; les généraux Victor et Lemoine, qui la quittèrent peu après ; le général Miolis, qui se faisait tirer une balle reçue dans la dernière campagne, et le général Marbot, qui partait.

3

rentrant en France, et le détermina à ne pas priver l'armée d'un de ses chefs les plus distingués. C'est d'Antibes qu'il concerta avec les commissaires de la marine de toute la côte, les mesures à prendre pour protéger les convois de l'armée; qu'il chargea encore l'adjudant-général Reille de reconnaître toutes nos positions dans la rivière de Gênes, et de lui en rendre compte ainsi qu'il venait de le faire de sa tournée dans les Alpes.

A Nice, il arrêta l'épidémie, par la sagesse du règlement de police qu'il y fit, et les mesures qu'il prit pour en assurer l'exécution.

Dans le même tems, il profita du passage de la 25ᵉ. légère, et du voisinage de quelques troupes pour faire rentrer dans le devoir la division Miolis, et toute la division Lemoine, composée entre autres corps des 18ᵉ. légère, 21ᶜ. et 24ᵉ. de ligne, qui, rebutées par l'excès des privations qu'elles avaient éprouvées, avaient déserté l'armée, et étaient rentrées en France demandant des vivres, des vêtemens, et leur solde. Cette victoire qu'il remporta sur le moral de toute son armée, autant que sur ses troupes en particulier, fut en grande partie le fruit de la juste fermeté qu'il sut déployer et communiquer dans cette circonstance cri-

tique, et l'effet des punitions qu'il infligea (14),
de la confiance qu'il inspira, et l'on peut même
ajouter de la force de sa réputation et de son
nom. Aussi le mit-elle à même d'arrêter en-

---

(14) La 24ᵉ de ligne a été désarmée à Draguignan;
la 21ᵉ, forte d'un bataillon, a été incorporée dans
les demi-brigades les plus faibles de l'armée; six
compagnies de la 28ᵉ de légère ont subi le même
châtiment; deux hommes, reconnus les plus coupables, ont été fusillés dans chacun de ces corps. Les
drapeaux de la 24ᵉ et de plusieurs autres demi-brigades, ont été portés chez le commandant de la
place. (A Antibes, la conduite honorable de cette
demi-brigade pendant le blocus de Gênes, les lui fit
rendre). La 68ᵉ, moins coupable, a obtenu de
retourner aux avant-postes. Deux compagnies de
carabiniers de la 5ᵉ de légère, qui, avec le 2ᵉ bataillon du même corps et le 2ᵉ de la 74ᵉ de ligne,
avaient quitté leur poste pour rentrer en France,
ont été cassées; tous les sous-officiers qui ont suivi ces
déserteurs, ont été condamnés à mort; deux hommes,
pris dans chacun de ces corps, et deux dans les carabiniers, ont été fusillés. Les principaux chefs et moteurs de
l'insurrection ont été arrêtés et livrés à un conseil
de guerre ou à une commission, suivant la nature des
faits qui leur étaient imputés. Les officiers qui, sans
avoir pris une part directe à l'insurrection, l'avaient
secrètement favorisée, ont été dégradés et chassés à
mesure qu'ils ont été connus. Les commandans de
place, qui avaient donné des certificats de bonne conduite aux déserteurs, ont été remplacés.

tiérement cet esprit d'insurrection qui, du centre de l'armée ayant gagné la droite, avoit passé à la gauche où il se manifesta tout-à-coup dans le deuxième bataillon de la 25e. légère, l'un des deux corps qu'il avoit tirés de l'armée d'Helvétie, et celui même sur lequel il comptait le plus. Ces symptômes se firent appercevoir jusques dans la 2e. de ligne qui se porta à quelques désordres pendant la route de Suisse en Italie. Mais, aussi attentif à louer qu'à punir, et sachant employer à propos les châtimens et les récompenses, les éloges et le blâme, le général donna une grande publicité à la bonne conduite du deuxième bataillon de la 5e. légère, qui resta fidèle à son poste, malgré toutes les privations, et au mépris des sollicitations, de l'exemple, et même des menaces des fuyards (15).

---

(15) Quoiqu'il ne fît, pour ainsi dire, que passer à Nice, il n'y borna pas ses travaux à ces mesures de police et de discipline : il s'occupa activement des besoins de l'armée.

Dans l'absolue nécessité de donner des chaussures à des corps, dont tous les soldats étaient pieds nuds, il charge l'adjudant-général Dégiovani de se rendre à Gênes, et d'y acheter, argent comptant, 20000 paires de souliers. Il surveille et fait connaître au Gouvernement, tous les entrepreneurs qui avaient manqué ou manquaient à leurs engagemens, et no-

Le 21 pluviôse il arriva à Gênes : c'est-là
que l'attendaient les travaux les plus pénibles.

---

tamment la compagnie Bourset, chargée d'une fourniture d'habillemens ; il approvisionne l'armée en
munitions, et forme des dépôts sur la côte de la
Ligurie ; il réorganise en tout l'état-major de l'armée,
et recrée, pour ainsi dire, la partie topographique
pour laquelle il n'existait plus rien.

Par des ménagemens et des égards, il tranquillise,
calme et encourage les départemens qu'il parcourt, ou
avec lesquels il correspond ; et les console par l'assu-
rance de toute sa sollicitude.

L'état affreux des hôpitaux le détermine à prendre
jusque dans les approvisionnemens de siége d'Antibes,
pour les secourir.

Afin de purger les côtes, protéger les convois, et
faciliter le commerce des grains, il autorise, le 10
pluviôse, l'armement en course.

Instruit que l'insatiable cupidité, empruntant tous
les masques, faisait exporter les grains sous le prétexte
d'approvisionner l'armée, le général Massena ordonne,
pour arrêter cet infâme commerce, que jour par jour,
il lui soit rendu compte des chargemens de grains qui
se font sur les côtes.

Une adresse aux conscrits eut pour but d'arrêter
leur désertion, qui était totale.

Pour se créer quelques ressources, il établit un
droit sur l'exportation des huiles et l'importation des
sels dans la vallée d'Oneille, et règle son mode de
perception.

L'espoir d'arrêter, par la présence de quelques

Réduit à lui-même, il y fit face à tous les événemens, et soutint seul un édifice qui s'écrou-
lait de toutes parts.

Tous les maux dont nous avons parlé, exis-
taient à Gênes, et autour de Gênes dans toute
leur force ; c'était là où l'effet moral qu'ils
produisaient sur nos troupes, sur les habitans
du pays auxquels rien n'échappait , et par
une suite naturelle, sur l'ennemi, (qui était instruit de tout par eux) (16) , nous était le plus

troupes, les désordres auxquels les environs d'Aix
servent sans cesse de théâtre, fait donner à la garnison d'Ancône (qui par Nice rentra en France à cette
époque) l'ordre de se rendre dans cette partie du
midi.

(16) Tout concourut à fournir à l'ennemi les plus
grands et les plus exacts renseignemens sur notre
position.

1°. La grande majorité des Gênois riches, qui,
perdant par notre présence leur commerce, leurs titres,
et leur rang, favorisaient de tous leurs moyens notre
expulsion de leur territoire.

2°. La démoralisation d'une partie de nos troupes,
l'un des tristes fruits de leur extrême misère, et au
moyen de laquelle elles vendaient tout, jusqu'à leurs
consignes les plus importantes.

3°. Les intelligences de l'ennemi dans notre armée,
intelligences qui, par le moyen de faux réfugiés italiens, étaient aussi fréquentes qu'ils le voulaient.

funeste, et qu'il était par conséquent le plus
urgent d'en arrêter l'excès : aussi doit-on à la

4°. Le général Assaretto qui était dans l'armée
française l'un des espions dont l'ennemi se servait avec
le plus de succès. La manière dont sa trahison fut dé-
couverte forme une anecdote qui trouve ici sa place.

La citoyenne Pénalis, italienne, épouse du cit.
le Roux, employé à la trésorerie de l'armée, se
rendait, d'après un passe-port du ministre d'Es-
pagne, à Milan, où des affaires de famille l'appelaient, lorsqu'à Novi, elle reconnut au milieu des
ennemis le soi-disant chef de bataillon la Potterie,
aide-de-camp du général Assaretto, coiffé d'un casque
autrichien, et venant de parcourir, avec le général
Bussy, toute la ligne des avant-postes, où tout le
monde le qualifiait de *chevalier*. Ce dernier, se
voyant découvert, sollicita de suite du général Bussy
l'arrestation de la citoyenne le Roux, qui en effet
fut gardée à vue, en attendant l'ordre que le général
Bussy demanda aussi-tôt au général Mélas, pour
l'envoyer dans la citadelle de Céva, afin de la
mettre hors d'état de révéler le secret que le hasard
venait de lui découvrir. Le deuxième jour de son
arrestation, le tems fut affreux, et la nuit qui le
suivit, noire et pluvieuse. Cette circonstance rendit
les gardiens de la citoyenne le Roux moins surveil-
lans, et lui fournit l'idée de leur échapper. Sa croisée
fut le passage qu'à cet effet elle choisit, malgré son
élévation : en moins de deux heures, ses rideaux
et ses draps furent transformés en cordages, et la
descendirent dans la rue. Là, un malheureux lui

vérité de dire que rien ne fut épargné par le général en chef, ni soins, ni efforts, ni veilles; l'ardeur dans les travaux fut égale à la constance, et par-tout le talent concourut avec le zèle.

Les nuits furent ainsi que les jours, consacrées à l'armée (17); mais la sollicitude de son

---

fournit, pour de l'argent, le travestissement nécessaire à son entreprise, et un guide, avec lequel elle se rendit, à travers les montagnes, à Gênes, où elle arriva le 9 ventôse au soir.

Sur son rapport, le Général en chef adressa, dans la nuit même, au général Marbot à Savone, l'ordre d'y faire arrêter Assaretto, la Potterie, et les autres personnes employées auprès de lui. Cet ordre fut exécuté le 10 : on ne trouva qu'Assaretto et son secrétaire. Ce dernier fut relâché au bout de quelques jours : le premier, sous le prétexte d'un besoin, et à la faveur de l'obscurité, s'échappa le 29 ventôse à Allazio, pendant qu'on le transférait au château quarré d'Antibes. Il trompa de cette manière la surveillance d'un officier d'état-major, chargé de le conduire, et du détachement chargé de l'escorter.

(17) Une chose qui fut généralement remarquée, c'est l'attention que le Général en chef donna aux moindres affaires, et la justice individuelle qu'il s'attacha à rendre et à faire rendre. C'est d'après cette méthode, bien précieuse chez un homme revêtu d'un grand pouvoir, et malgré le nombre d'affaires dont il était accablé, qu'aucune lettre ou demande ne resta jamais sans réponse.

Le Général en chef était pénétré de cette vérité,

chef ne pouvait suffire dans un pays où nous avions pour ennemis secrets, presque tous les hommes puissans par leur crédit et par leur fortune (18); dans un pays qui ne produit rien, et qui ne peut être qu'un entrepôt, mais où l'on ne recevoit rien, et où il eût fallu créer dans le vide.

Les résultats de tout cela étaient pour le général Massena, l'impuissance de faire le bien qu'il s'étoit promis, c'est-à-dire de rendre à cette armée l'abondance et la santé, sans lesquelles il était impossible d'arrêter tous les

---

que la certitude qu'on s'est occupé de lui, console l'homme qui essuie un refus, et que cette certitude (toujours si satisfaisante pour l'amour-propre) ajoute encore au prix d'un bienfait.

Il semblait même que moins il pouvait faire, plus il cherchait à en témoigner son regret, et à manifester le desir de faire, en des tems plus heureux, ce qui alors lui était impossible.

(18) Ce fait fut constaté au moment de la défection d'une partie de l'armée. Le Général en chef eut la preuve que des Génois ne furent point étrangers à ces mouvemens séditieux; il sut même qu'il y avait eu par eux, de l'argent et des adresses répandues parmi nos troupes, et que dans plusieurs villes de la Ligurie, les chefs connus de la désertion avaient été fêtés.

abus désorganisateurs que la misère y entre-
tenait et y reproduisait sans cesse : qu'on juge
de tout ce que cette impuissance devait avoir
de douloureux, pour un homme aussi jaloux
de l'honneur national que de sa propre réputation !

C'est d'après tout cela qu'il écrivait et répétait au ministre de la guerre : « J'ai beau-
» coup de cadres, et peu de troupes ; peu
» de troupes, et presque point d'hommes en
» état de faire la guerre ; presque point
» d'hommes, et encore moins de moyens ;
» les désertions et les ravages des maladies et
» des hôpitaux diminuent encore l'armée tous
» les jours ; elle est nue, déchaussée, affa-
» mée et découragée ; tous les services sont
» abandonnés ; (l'agent de la viande, le citoyen
» Valette, est le seul qui ait paru) ; la misère
» et le désespoir augmentent les maux de cette
» armée dans une effrayante proportion. Vous
» savez à quelles conditions je m'en suis char-
» gé » ; et il finissoit par lui dire : « La situa-
» tion de l'armée est telle, que si vous n'en-
» voyez promptement des vivres, des hommes,
» des chevaux et de l'argent, attendez - vous
» à la perte totale de l'armée et de la Li-
» gurie ».

En rendant compte des mêmes détails au

premier Consul, il lui représentait que d'après l'examen de la ligne occupée par son armée, et les rapports qu'il avait sur les forces de l'ennemi en Italie, il lui fallait un renfort de vingt mille hommes au moins pour être à même de l'empêcher de la forcer, et de couper peut-être des corps tout entiers, sans qu'il lui fût possible d'aller à leur secours. Il lui exposait en même tems que les vingt-deux bataillons auxiliaires destinés à recruter cette armée (qui depuis quatre mois avait perdu la moitié de sa force), n'avaient pas produit mille hommes. Le fait est qu'au lieu d'une armée de soixante mille hommes que le général Massena devait avoir, il n'en avait pas depuis le Mont-Cenis jusqu'à Gênes, vingt-cinq mille sur lesquels il pût compter (19). Et cependant, loin de se décourager

---

(19) Le bataillon de la Lozère arriva à Nice, fort d'un homme; mais cette circonstance, qui, pour l'armée d'Italie, prouva la nullité de cette mesure de l'ancien Gouvernement, ne fut pas le seul grand mal qui en résulta : on peut en citer deux autres. Le premier, les dépenses énormes que l'on fit pour ces bataillons auxiliaires, qui, en partant de leurs départemens, étaient armés, équipés, et habillés à neuf, soldés à la journée, et qui en sept ou huit jours de marche furent à-peu-près tous dissous : le deuxième, cette foule d'officiers, qui, après

et de partager l'abattement général, son ame se fortifiait des obstacles et des difficultés qu'il rencontrait. Il ranimait et soutenait tout ce qui l'entourait ou communiquait avec lui, et donnait ainsi aux hommes publics un grand exemple, celui de ne voir dans les contrarié-

---

une longue oisiveté, fruit de l'inconduite chez quelques-uns d'entr'eux, n'ayant pas su conserver un des soldats qui leur avaient été confiés, arrivèrent à l'armée sous le nom du bataillon qu'ils avaient été chargés d'y conduire, et, leur vieux brevet à la main, réclamèrent, suivant la loi, des postes que, de cette manière, ils prétendaient enlever à la valeur et à la bonne conduite.

Le Général en chef, qui sentit combien cet abus était fait pour détruire l'émulation et jeter le découragement dans les corps, résolut de l'arrêter.

Il renvoya à cet effet plusieurs de ces corps d'officiers dans leurs départemens, sous le prétexte d'y rechercher les hommes qu'ils avaient dû conduire à l'armée, et fit partir les autres pour Aix, afin d'y attendre, par l'organe de l'inspecteur-général Ernouf, des ordres du Ministre de la Guerre.

Mais en même tems, le Général en chef fit un appel à tous les réquisitionnaires qui devaient recompletter ses cadres, et l'adressa, par forme de proclamation, et avec des lettres extrêmement fortes, à tous les départemens qui devaient concourir au recrutement de son armée.

tés

tés qu'ils éprouvent, que des motifs de redou-
bler d'efforts et de constance.

Dans cet état de choses, une nouvelle or-
ganisation de l'armée était un moyen d'y rétablir un peu l'ordre, l'harmonie, et la confiance, et d'arrêter au moins sa dissolution
totale. Il le sentit, et, par une refonte générale, chercha à donner à cette armée une consistance nouvelle : pour cela, il changea ou dé-
plaça tous les généraux (20), en même temps
qu'il fit une répartition nouvelle des troupes.

L'armée ne pouvait ignorer sa sollicitude
pour elle; malgré le peu de moyens qu'il avait,
les troupes avoient reçu un à-compte sur leur
arriéré de solde; quelques vêtemens, des souliers sur-tout, avaient été distribués; à mesure
que le général se procurait un peu de blé, le
pain était meilleur, les distributions plus ré-

(20) La nécessité de donner de nouveaux chefs
à cette armée, qui ne pouvait plus voir, sur la physionomie des siens, malgré leur merite et leurs
services, que les souvenirs de ses défaites passées,
le détermina à appeler en Italie les hommes qui,
par leurs talens, leur énergie, et leur attachement
pour lui, avaient le plus complettement justifié sa
confiance en Helvétie. De ce nombre étaient particulièrement les généraux Soult, Audinot, Gazan,
Thureau, Brunet, &c. &c.

gulières, et la ration plus forte ; les hôpitaux
sur-tout avaient été recréés (21).

Ces améliorations momentanées dans la situation des troupes, fournirent une occasion
dont le général Massena se hâta de profiter
pour rétablir entièrement la discipline, ce nerf
des armées que tout concourait à détruire, et
sans lequel pourtant les soldats ne sont plus que
des brigands armés. « Songez, disoit-il aux sol-
» dats, que la continuation de votre indisci-
» pline seroit à-la-fois un sujet de joie et de
» triomphe pour vos ennemis, et un sujet de
» honte et de désespoir pour vos familles ; en
» même tems qu'elle vous feroit encourir la
» juste indignation de la France entière, elle
» vous attirerait des châtimens exemplaires et
» terribles » (22).

---

(21) On ne peut se dispenser de nommer ici le
citoyen Vernet, chirurgien en chef de l'armée, et
dont le zèle, uni aux talens, conservèrent à la patrie
un si grand nombre de ses enfans.

(22) Mais, si par des soins infinis, par le zèle
des chefs, par une juste sévérité et par la surveillance la plus active, l'on parvint à contenir les
troupes et à resserrer les liens de la discipline, il
ne fut pas possible de même de leur rendre de suite
cette moralité, que l'excès et la durée de leurs souffrances leur avaient en partie fait perdre, et que

Le service de la place de Gênes nécessitait
une forte garnison; il en débarrassa en partie

le tems, à la suite d'un changement total dans leur
situation, pouvait seul rétablir.

Quels que soient les détails que l'on recueille sur
l'état physique et moral de cette armée, on ne pourra
avoir une idée de ce qu'elle était, si l'on n'a été
placé de manière à être le témoin oculaire des faits
dont nous parlons, et que rien ne peut rendre avec
toute la force de la vérité.

Nous ajouterons seulement un mot à ce qui précède. Ce mot, qui renferme une idée que nous avons
déjà indiquée plus haut, est que, selon nous, c'est
au défaut de régularité dans le paiement de la solde de
ces troupes, et à la manière dont elles ont été payées,
que tous ces désordres doivent être attribués, ainsi
que tous ceux qui la plupart du tems désorganisent
les armées.

Le premier mal vient dans ce cas du défaut de
paiement de la solde, et le deuxième du paiement
de trop fortes masses. Le manque total d'argent nuit
autant dans une armée que sa trop grande abondance :
la misère y fait commettre autant d'excès que la facilité d'être prodigue. Cette vérité est aussi constante
au physique qu'au moral. Le défaut de solde autorise
chez le soldat l'indiscipline et l'insubordination, sous
le prétexte des privations : le trop d'argent est dans
ses mains plus dangereux que les armes dans les
mains d'un enfant ou d'un insensé. Si chaque jour
on pouvait remettre son prêt à chaque soldat, il le
consacrerait tout entier à ses besoins, parce qu'il
n'en aurait jamais assez pour faire des sottises;

l'armée, en ordonnant la mise en activité de toute la garde nationale , et en la rendant responsable de la tranquillité publique. Mais si dans Gênes, des patriotes Liguriens osaient seconder nos efforts, hors de la ville les paysans nous faisaient une guerre très-active.

Une grande partie de la rivière du Levant étoit depuis plusieurs mois en pleine insurrection. Quelques désordres commis par nos troupes avaient été le prétexte de cette prise d'armes ; je dis *prétexte* , parce qu'en Italie celui qui fléchit devant un ennemi supérieur, est toujours sûr (quelque cause qu'il défende,) d'être de suite accablé par une populace nombreuse, oisive, lâche et avide, et qui ordinairement est excitée, et conduite à ces désordres intestins par ses prêtres mêmes. Cette vérité,

---

mais, si après une attente , pendant laquelle il s'est familiarisé avec tous les moyens d'y suppléer, vous lui donnez le salaire de plusieurs mois, vous le mettez évidemment à même de se livrer à toutes les débauches auxquelles ses gains illicites l'ont accoutumé, et cela quand ce ne serait que pour dépenser avec profusion et pour des objets condamnables, un argent auquel il tient d'autant moins, qu'il sait et s'en passer et le remplacer. La conclusion de tout ceci est donc : *Malheur à l'armée dans laquelle les troupes ne ecevront pas leur solde d'une manière réglée.*

consacrée par l'histoire de toutes les guerres qui ont été faites en Italie, découle du caractère national de ce pays, de même qu'elle le décèle.

Cependant cet incendie faisait des progrès d'autant plus alarmans, qu'il menaçait de gagner le Ponent, et par-là d'envelopper Gênes; circonstance digne de l'attention la plus sérieuse.

Le 30 pluviôse, le général en chef avait fait répandre dans toutes les Vallées insurgées, une proclamation dans laquelle, au nom de leurs intérêts les plus chers, de la sûreté de leurs propriétés, de celle de leurs familles, et de leur propre conservation, il invitait les paysans révoltés à rentrer dans le devoir : « *Songez*, leur disait-il, *que les colonnes* » *sont prêtes à s'ébranler* ». Dans une seconde du 30 pluviôse, il leur annonçait que les voies de la conciliation avaient été vainement épuisées : « *déjà*, ajoutait-il, *la* » *vengeance nationale est commencée ; elle* » *a produit l'incendie et la mort...... Au* » *milieu de ces calamités, j'élève encore la* » *voix pour les faire cesser* ».

L'erreur, la superstition, avaient tout fanatisé, au point que les moyens de la persuasion produisirent peu d'effet. Le soulèvement

devenait même général ; et ces brigands ,
sourds à la voix de la justice et de l'humanité ,
ne pouvaient plus être contenus que par la
force et par des châtimens proportionnés à
leurs crimes. La première division de l'armée
fut donc chargée de réprimer leur audace ; et
à différentes reprises , elle exécuta avec succès
des mouvemens contr'eux (23).

Dans cet état de pénurie dans lequel le
peuple et l'armée végétaient dans la Ligurie,
ce qui affligeait le plus le général en chef, c'était
de ne pouvoir approvisionner Gavi ni Savonne.
Il avait déjà fait à cet égard d'inutiles tenta-

---

(23) Au milieu de tous ses travaux pour pacifier
cette Vendée ligurienne , pour contenir la ville de
Gênes , pour réorganiser toutes les parties administratives de l'armée , et pour satisfaire aux besoins si
multipliés et sans cesse renaissans des troupes , le
général en chef était à chaque instant arrêté par le
manque total d'argent.

Cette circonstance embarrassante par-tout, l'était
été doublement en Italie, où l'argent est le mobile, le
principe, et le but de tout, et l'ame des ames (si cela
peut se dire). Le besoin de se mettre à même de faire
face aux dépenses les plus indispensables, le détermina à demander au gouvernement ligurien un emprunt
forcé de 500,000 francs , le seul qui ait été mis à
Gênes , et à l'acquittement duquel les maisons les
plus riches furent seules appelées à concourir.

tives ; mais n'ayant jamais eu de quoi nourrir l'armée, comment pouvoit-il trouver de quoi approvisionner ces places ? A cet égard, une circonstance le servit, du moins en partie.

Le commerce de Gênes reçut vers le premier germinal quelques bâtimens de grains, et le général Massena se hâta de profiter de leur arrivée pour faire former l'approvisionnement de Gavi. Vu l'urgence, cette mesure fut ordonnée et exécutée de suite ; et sûr de pouvoir de cette manière mettre ce fort en état de résister à un blocus de trois mois, il ordonna en même tems que l'on en réparât tous les ouvrages (24).

Les bâtimens de la marine ligurienne furent de même l'objet de son attention particulière, et il employa tout pour les mettre en état de donner une véritable protection aux convois qu'il attendoit par mer, et pour la prompte et sûre arrivée desquels il n'avoit rien épargné. Mais à peine terminait-il tout ce que sa position pouvait lui permettre de faire directement pour l'armée, que déjà il s'occupait de nouveaux moyens de la servir (25).

---

(24) Le défaut d'argent empêcha l'exécution de toute espèce de travail, ce qui annulla par le fait l'ordre ci-dessus mentionné.

(25) Malgré tout ce qu'il a fait pour avoir des

Ses regards s'arrêtent bientôt sur le gouvernement provisoire de la Ligurie : il en examine
la force et la moralité ; et il acquiert rapide-

---

subsistances, et pour en assurer l'arrivée , il croit toujours n'avoir pas assez fait. Sur la nouvelle que les
corsaires ennemis se multiplient, il invite , de la manière la plus instante , le commandant des armes et
l'ordonnateur de la marine à Toulon , de faire armer
de suite douze petits bâtimens pour concourir, avec
les armemens ordonnés par lui , à secourir l'armée
et la Ligurie , en les mettant à même l'une et l'autre
d'être nourries et approvisionnées.

Il a encore recours à un autre expédient du même
genre. Il savait qu'il y avait en Corse des corsaires
non revêtus de lettres de marque ; il en promet à
tous ceux d'entr'eux qui protégeront l'arrivage de
quelques subsistances , ou qui en apporteront eux-
mêmes à Gênes. Pour multiplier ses ressources, il
fait promettre des primes à ceux qui les premiers
apporteront des grains. Il accorde toute sûreté et
protection aux négocians, qui, par le moyen d'un
double pavillon, tentent de faire venir des grains de
Livourne, de la Sardaigne , ou du Levant.

Il envoie, sur un des corsaires de l'armée , son
aide-de-camp, le chef d'escadron Drouin, au général
Dambert , commandant en Corse, afin de faire expédier pour Gênes tous les bleds qui se trouveraient
dans l'île de Caprara et de Corse, et qui excéde-
raient les approvisionnemens nécessaires à ces deux
îles.

ment la preuve que ce n'était qu'un composé de faiblesse et de mauvaise volonté. Cette conviction, et celle que tous les jours il devenait plus important pour l'armée française, d'avoir à la tête des affaires liguriennes, des hommes amis des deux Républiques, lui démontrent la nécessité d'ôter son influence à la majorité actuelle de ce gouvernement, d'en obtenir une qui veuille et fasse le bien; et d'échapper à cette force d'inertie, plus terrible dans les affaires qu'une opposition réelle.

De concert avec le citoyen Belleville, alors commissaire des relations commerciales de la République française à Gènes, il parvient à ce but, en faisant donner leur démission à ceux des membres du gouvernement ligurien qui convenaient le moins aux circonstances; et en portant le nombre de ces membres de neuf à quinze (26).

---

(26) Occupé en même tems des besoins de l'armée et des intérêts de la Ligurie, il travaille à débarrasser ce pays de toutes les charges inutiles. A cet effet, il fait cesser les doubles emplois dans les distributions; et ne trouvant au-dessous de lui rien de ce qui peut produire un bien, il fait porter l'économie dans les dépenses publiques, en faisant supprimer les frais d'administration qui ne sont pas indispensables.

Par suite de cette opération, il prend des mesures

Les corsaires armés en course, d'après son arrêté du 10 pluviôse, avoient fait différentes captures.

Suivant les lois de la marine, ces prises ne pouvaient cependant être réputées bonnes, parce que les bâtimens preneurs n'étaient pas porteurs de lettres de marque.

Le commissaire des relations commerciales à Gênes, juge naturel de ces causes, ne pouvait donc en connaître, et ces prises restaient dans le port, sans que rien se décidât sur leur compte. Une grande partie des cargaisons se gâtait ; les bâtimens se détérioraient, les agrès se voloient ; les matelots mouroient de faim ; un grand nombre de ces bâtimens étaient déjà abandonnés ; tout était en souffrance, et tout était perte sans profit pour personne. Les bâtimens de bonne prise étaient perdus pour l'armée, qui avait toujours le plus grand besoin d'argent ; et pour les armateurs, qui ne retiraient aucun fruit de leurs risques et de

---

pour réprimer les abus auxquels se livraient les employés des administrations françaises, et par-là il arrête le mécontentement sourd, mais assez général, qui en résultait. Il travaille enfin à mettre dans chaque partie, les hommes à leur place, et à tout réorganiser dans cette armée où tout était désorganisé.

leurs avances. Les bâtimens de mauvaise prise
étaient perdus pour leurs propriétaires.

Dans cet état de choses, le général en chef
créa, le 4 germinal, une commision qu'il chargea de faire vendre ceux de ces bâtimens qui
seraient jugés de bonne prise, et de faire rendre les autres.

L'adjudant - général Thiébault fut nommé
président de cette commission, qui de plus fut
composée des citoyens Bruis, officier de marine, et Dubreuil, homme de loi.

Rien n'échappa à l'active prévoyance du général en chef; mais malgré toutes les mesures
prises par lui pour améliorer le sort de l'armée, le succès ne répondait pas à ses espérances. L'armée n'avait éprouvé qu'un mieux
momentané, n'ayant même reçu qu'une partie du grain que le général Massena lui avait
assuré à Marseille; et ce grain étant consom-
mé, elle vivait à la journée, et ne recevait
qu'une partie des rations ordonnées par la loi;
elle étoit même toujours à la veille de manquer
totalement de pain.

Le peuple n'en avait que deux onces par
jour. Cette misère générale, cette appréhension continuelle de disette étaient accablantes.
Tout contrariait les vœux du général en chef,
et annullait ses efforts. En effet tout semblait

se réunir contre lui ; la négligence des uns, la mauvaise foi des autres, l'incapicité, le défaut de moyens, et les vents qui, pendant plus de quatre mois (circonstance qui n'était jamais arrivée), restèrent constamment contraires à l'arrivage des convois venant de France à Gênes. Les dieux et les hommes paraissaient conjurés pour assurer la perte de l'armée et de la Ligurie, ou pour préparer, par la difficulté du succès, la gloire la plus brillante à celui qui, malgré tant d'obstacles, parviendrait à un résultat heureux (27).

----

(27) En se rendant à Gênes, le général Massena n'avait voulu y rester que peu de jours : son quartier-général avait été placé en conséquence à Albissola. Mais les besoins sans cesse renaissans d'une armée entièrement délabrée ; l'influence qu'il avait acquise sur le Gouvernement ligurien ; les secours qu'il en tirait continuellement pour les troupes ; le nombre et le choix de celles qui se trouvaient rassemblées à l'aile droite, et qui formaient la grande moitié des forces de toute l'armée ; outre cela, l'effet utile de sa présence sur les troupes, les Génois, et même l'ennemi ; sa confiance dans la capacité du général Suchet, commandant le centre, qui d'ailleurs n'était pas de 5000 combattans ; la bonté de la ligne que les troupes occupaient dans cette partie ; la crainte que l'insurrection des campagnes ne gagnât Gênes, et enfin la suite non interrompue de ses travaux administratifs et financiers, le retinrent à Gênes de

C'est ainsi que le général Massena ne sortait d'un embarras que pour tomber dans un embarras nouveau. Le plus cruel de ceux qu'il éprouva, fut occasionné par la compagnie Antonini, qui, après les retards les plus inouis, manqua à tous ses engagemens, au moment où elle avait semblé être en mesure d'y satisfaire (28).

---

jour en jour, et ne lui laissèrent pas , malgré tous ses efforts , la possibilité d'arriver à un résultat qui lui permît de s'en éloigner , si ce n'est pour des tournées et des reconnaissances , c'est-à-dire , très-momentanément. Ces premiers objets fixaient d'autant plus son attention toute entière, qu'il prévoyait que la misère et la famine seraient , malgré la faiblesse de l'armée et tous les dangers de sa position militaire, les plus puissans ennemis qu'elle dût avoir à redouter.

(28) Depuis le...... un nommé Flechat, agent coupable de la Compagnie Antonini, plus coupable que lui, était arrivé à Gènes pour prendre enfin le service des vivres-pain , des fourrages, et des liquides. Il annonçait de grands convois partis de Marseille, et destinés à l'armée ; il ne lui fallait plus , disait-il, que le tems nécessaire pour les recevoir , pour que les services fussent à jamais assurés.

Pour le mettre en état de les attendre , le Gouvernement ligurien , à la sollicitation du *Général* en chef, avait consenti à nourrir encore l'armée pendant dix jours, c'est-à-dire, jusqu'après le délai obtenu. Mais le 2 germinal , toute l'armée, depuis le Mont-

Mais en châtiant Flachat, agent de cette compagnie, le général en chef s'occupa de trouver un remède aux maux faits par lui, et parvint à cet effet à déterminer les citoyens Lafleche et Guyot de la Pomeraye, négocians à Gênes, à passer avec l'ordonnateur en chef un marché de dix-huit mille quintaux de blé, et de trois mille quintaux de légumes. Le citoyen Guyot se rendit de suite à Marseille pour faire les achats et les expéditions; et le général en chef y envoya le général de brigade Franceschy avec des pouvoirs extraordinaires, 1°. pour saisir et faire expédier pour l'armée tous les grains achetés ou harrés par la Com-

____

Blanc jusqu'à Gênes ; se trouva compromise par le manque de tous les services. Dans cette cruelle extrémité, le Général en chef, par une résolution que les circonstances justifiaient trop bien, ordonna que Flachat fût de suite arrêté à Gênes, et que son délégué, Sonnera, le fût à Nice : mais afin de ne pas prendre une demi-mesure dans une affaire aussi grave, et pour réunir toutes les pièces nécessaires à leur procédure, il ordonna la saisie de tous leurs papiers et de toutes les lettres qui arriveraient à la poste pour eux, et fit arrêter un courier qu'il savait en route avec des dépêches de la Compagnie Antonini pour Flachat. Il fit de même défense au payeur d'effectuer aucun paiement sur les fonds de la Compagnie Antonini, ou au compte de Flachat.

pagnie Antonini ; et 2°. pour faire faciliter et hâter le tout (29). L'activité éclairée de ce général, était d'un présage heureux pour l'effet de cette mesure.

Dans le même tems, il fit passer un marché pour la fourniture de fourrages à la compagnie Bressou ; cette mesure était d'autant plus urgente, que le général, sachant que l'ennemi manœuvrait, et voyant la nécessité de réunir son armée et de former des masses, avait déjà donné ses ordres pour que trois régimens de cavalerie se rendissent à Gênes.

Mais que font aux maux présens et urgens, des remèdes qui ne peuvent agir que dans la suite ? Aussi, tout en conmptant sur un avenir plus heureux, les embarras se multipliaientils toujours, et l'espoir alors fondé de les voir

---

(29) Afin d'entourer son opération de toute la sûreté possible, et ne rien épargner pour l'accélérer, le général en chef engagea le général Saint - Hilaire, commandant à Marseille, le général Vence, commandant des armes, et l'ordonnateur de la marine à Toulon, à concourir à sa prompte réussite, et par le double motif d'intéresser plus fortement sa nouvelle compagnie à cette entreprise, qu'elle faisait sans bénéfice, et pour sauver de la famine la Ligurie, en même tems que l'armée, il lui accorda une extraction de 30,000 quintaux de bled, et 10,000 dito de légumes, moyennant une remise de 25,000 francs.

sous peu terminés, était-il pour le général en chef un soulagement d'autant plus foible , que tout l'hiver s'était passé en vaines espérances et en une attente inutile ; qu'il était arrivé au moment où les débouchés des Alpes étaient devenus praticables ; qu'il savait que l'ennemi se préparait à rentrer en campagne, commençait à se rassembler, et déjà serrait les avant-postes de l'armée française ; qu'il ne pouvait se dissimuler que ses troupes n'étaient pas en état de faire la guerre, et qu'il voyait leur découragement augmenter avec le prolongement de leurs maux.

De ces faits découlait une conséquence accablante ; c'est que, forcée dans ses positions, l'armée n'avait en grande partie que Gênes pour retraite, et Gênes n'était pas approvisionnée ; Savonne même n'avoit pu l'être. D'un côté, le Gouvernement ligurien déclarait ne plus pouvoir concourir à nourrir les troupes ; et pour surcroît de douleurs , les maladies continuaient leurs ravages (30); et pour

---

(30) Dans cette position vraiment désespérante , il n'y avait réellement plus qu'un simulacre d'armée. La faim , les désertions, et les maladies qu'elles produisaient, enlevaient tous les jours 3 à 400 hommes à l'armée , et il était à craindre que ces causes réunies ne parvînssent à la dissoudre entièrement avant peu.

comble

comble d'embarras, l'argent, si nécessaire dans une armée où tout abonde, manquait absolument dans celle-ci, où tout manquait avec lui (31). La poste des couriers, et des officiers de tout grade, portait sans cesse ces affligeans détails au premier Consul; mais la position de l'armée était telle qu'elle ne pouvait être secourue où elle était. C'est une vérité que le Gouvernement n'avait pas pu avouer, mais qu'il est facile d'établir : et en effet, il lui aurait fallu, à cette armée, des sommes énormes pour changer sa situation ; et de moindres dépenses pouvaient créer une armée toute entière. Il lui aurait fallu en infanterie d'immenses renforts : or les troupes ne pouvaient y arriver qu'après une marche aussi longue que fatiguante, et il n'y avait pas même dans la Ligurie, dequoi nourrir et solder le peu de troupes qui y étaient.

Il lui aurait fallu de la cavalerie, et l'on n'avait pas même le fourage nécessaire pour faire vivre le petit nombre de chevaux des généraux employés dans l'armée.

----

(31) Le peu de fonds successivement arrivés, avait été absorbé aussi-tôt par l'immensité des besoins de toute espèce, dont l'armée et tout ce qui y tenait, étaient pressés.

Il lui auroit fallu de l'artillerie, et il n'y avait pas de route pour l'amener, pas de chevaux pour la conduire, et pas de fourages pour nourrir les chevaux. La mer, le seul moyen de nous procurer de grands transports à Gênes, était entièrement couverte de bâtimens ennemis ; et, indépendamment de tout cela, comment songer à former de grands rassemblemens dans un pays infesté par les épidémies ; dans un pays où nos troupes ne pouvoient arriver qu'après avoir marché un mois dans des routes pleines de squelettes échappés aux hôpitaux de la Ligurie, et où elles ne pouvaient manquer d'être excitées à la désertion, d'un côté par le mauvais esprit d'une grande partie des habitans du midi, (qui profitaient du passage des troupes pour acheter les armes des soldats, et solder leur défection) ; et de l'autre, par tout ce qu'elles apprenaient de décourageant sur le compte de l'armée ?

Des considérations de cette nature, et peut-être encore les avantages d'un mouvement général sur le centre de toutes les positions occupées par les armées ennemies, décidèrent probablement le premier Consul à entrer en Italie par la Suisse et par le Haut-Piémont ; à faire cette conquête avec une armée qu'il organisa sous

le nom d'*Armée de Réserve*, et à surprendre
l'ennemi par le secret impénétrable qu'il garda
sur ce plan.

C'est ainsi que Bonaparte, qui avait em-
brassé toutes ces vérités, et découvert du
même coup-d'œil le seul moyen de reconquérir l'Italie, ce théâtre d'une partie de ses victoires, paroissait ne vouloir faire qu'une campagne défensive en Italie, tandis qu'il préparait tout pour y reprendre l'offensive la plus
brillante. C'est ainsi que tout le monde prit le
change sur ses intentions secrètes. C'est ainsi
qu'il prépara le salut de l'armée qu'il feignait de
négliger, et sa rentrée glorieuse en Italie qu'il
paraissait oublier. C'est ainsi que dans cette
opération, qu'on ne saurait assez admirer,
tout portait l'empreinte de son génie créateur,
tout, et le plan en lui-même, et les difficultés
vaincues, et le secret dont il fut couvert, et le
mode et la rapidité de son exécution. C'est ainsi
que, semblable aux dieux, dont les foudres se
forgent dans le silence et n'éclatent que pour
frapper, Bonaparte ne découvrit ses desseins
qu'à l'instant où l'ennemi étonné le vit de nouveau redescendre les Alpes.

Quant au général Massena, qui ne pouvait
penser que l'armée de réserve pût être prête

pour une opération semblable (32), ni par conséquent en mesure de secourir l'armée d'Italie, il n'eut pas moins la douleur de se voir bloquer dans le moment où la pénurie et la misère étaient à leur plus haut degré ; dans le moment où l'armée n'avait pas dans ses magasins pour vingt-quatre heures de pain (33) ;

---

(32) La rapidité de la création de cette armée de Réserve, tient réellement du miracle ; et jamais elle n'eût été organisée à tems pour le rôle qu'elle a joué, sans deux circonstances également rares et heureuses. Ces deux circonstances furent, 1°. que cette opération fut conduite par un homme d'un génie extraordinaire ; 2°. que cet homme de génie se trouva à la tête du Gouvernement.

Les Autrichiens ne pouvaient en effet croire à la force de l'armée de Réserve, et leur conduite prouve combien peu ils y croyaient. D'abord M. de Mélas ne la jugea guères que de 15,000 hommes. Lorsqu'à Vienne on annonça à Thugut que cette armée qui venait de reconquérir la Lombardie, était de 50,000 Français, il s'écria : *Ils sortent donc de terre !*

(33) Une circonstance qui fut heureuse au milieu de tant d'autres si différentes, c'est que dans les premiers jours de germinal, plusieurs particuliers de Gênes avaient reçu du bled et des légumes. Aussi

et où, pour comble de malheurs, il attendait à l'aile droite trois demi-brigades et trois régimens de cavalerie (34), et qu'il savait deux millions arrivés à Nice, et dix-huit mille quintaux de blé expédiés pour Gênes.

Mais au 15 germinal, l'ennemi, qui par son attaque ne nous laissa pas le tems de recevoir ces secours, détruisit à-la-fois toutes nos espérances d'argent, de vivres, et de renforts (35).

---

peut-on dire que, bloquée quinze jours plutôt, **Gênes** tombait en peu de jours, et que bloquée quinze jours plus tard, Gênes était approvisionnée.

(34) Ces 3 demi-brigades étaient les 6e et 60e, venant de la Vendée, et la 104e, venant de la gauche; les trois régimens de cavalerie étaient le 12e de dragons, le 13e de chasseurs, et le 10e de hussards.

(35) Quelqu'ait pu être l'issue du mouvement de monsieur de Mélas, on ne peut disconvenir que son entrée en campagne ne soit digne des plus grands éloges, et ne mérite d'être citée, par les mesures au moyen desquelles il cacha les forces qu'il avait en Italie.

Toute cette armée autrichienne, rassurée par notre état et notre faiblesse, s'était bornée, pendant l'hyver, à nous faire observer par un simple cordon, et avait été répartie dans toutes les places du Piémont, de

Aussi, comme nous n'étions point en mesure, n'y qu'il avait aucun équilibre de forces ni de moyens entre nous et lui, nous ne pouvions rien opposer au choc de ses masses; nous ne pouvions

---

la Lombardie, du pays de Venise, du Bolonois, de la Marche d'Ancone et de la Toscane.

Ainsi divisée, elle avait en effet paru faible partout ; mais elle avait reçu facilement tout ce qui avait pu être nécessaire à son entière restauration. Les recrues et les renforts qu'elle s'était procurés pendant son long repos, répartis d'après le même système, n'avaient presque pas été apperçus. Les rapports, de quelque côté qu'ils aient été reçus, avaient fait mention de si peu de troupes, que l'on regardait généralement cette armée comme très-loin d'avoir réparé les pertes de la dernière campagne, d'autant plus que l'on avait répandu et accrédité le bruit que les maladies l'avaient considérablement réduite. Enfin l'on croyait encore qu'elle rentrerait tard en campagne, ou même que l'on pourrait la prévenir, lorsque déjà les corps qui la composaient, marchaient pour se rassembler.

Quand, par ce mouvement spontanée, on vit toutes les villes fournir tout-à-coup de nombreux bataillons à l'armée active, et M. de Mélas réunir en peu de jours 10,000 hommes en avant de Bobbio, 10,000 en avant de Tortonne, 30,000 à Acqui et Alexandrie, et nous attaquer avec des forces aussi respectables, en laissant encore dans le Piémont toute sa

lui faire, avec quelqu'avantage, qu'une guerre telle que, par le résultat des mouvemens, nous parvinssions à le diviser, afin de nous porter réunis sur ses parties éparses. C'est d'après toutes ces données, que s'étant principalement dirigé sur Vado et sur Savonne, il s'empara de la première de ces deux places dès le second jour de l'attaque, et isola par ce mouvement l'aile droite de l'armée sous les ordres du général Massena. Cette dernière seule défendit Gênes contre tous les efforts des coalisés.

Gênes était le but connu des tentatives de l'ennemi. Ce journal ne comprendra donc en détail que les opérations de cette aile, qui sont par cette raison, ce qu'il y a de plus intéressant dans le rôle que ces débris de l'ancienne armée d'Italie, furent appelés à remplir dans le commencement de cette nouvelle campagne. D'ail-

---

cavalerie, une artillerie superbe, et 20,000 hommes d'infanterie, l'étonnement fut universel, et l'on ne put s'empêcher d'admirer le secret de ces préparatifs, et la précision de l'exécution.

Mais un rapprochement qui, sans doute, n'échappera pas à l'Histoire, c'est que deux mois et dix jours après, M. de Mélas a été battu par l'effet d'une ruse en partie semblable à celle qu'il venait d'employer.

leurs le défaut de communications nous ayant
empêchés d'avoir rien d'exact sur les mouvemens du centre et de la gauche, ce parti a été
forcé en même tems qu'il a paru le plus convenable, pour éviter de trop fréquentes digres-
sions. Ce qui prouve encore qu'il ne peut y
avoir aucun inconvénient à présenter séparé-
ment le tableau des opérations des différens
corps de cette armée, c'est que l'on fut dans
l'impossibilité de les concerter.

TABLÉAU DE L'AILE DROITE DE L'ARMÉE D'ITALIE, Pag. 57

(Au quinze Germinal).

ÉTAT-MAJOR GÉNÉRAL. (Quartier-Général, *Gênes*).	ÉTAT-MAJOR DE L'AILE DROITE. (Quartier-Général, *Cornegliano*).
MASSENA, Général en chef de l'Armée.	SOULT, Lieutenant-Général, commandant.
OUDINOT, Général de Division, chef de l'État-Major Général.	GAUTHRIN, Adjudant-Général, chef de l'État-Major.
ANDRIEUX, Adjudant-Général, faisant fonction de sous-chef, en l'absence du Général de Brigade FRANCESCHY.	*Officiers sans destination.*
THIÉBAULT, REILLE, GAUTIER, et CAMPANA, Adjudans-Généraux employés près du Général en chef.	FRESSINET, Général de Brigade.
DEGIOVANI, OTTAVI, Adjudans-Généraux, et HERVO, faisant fonction d'Adjudant-Général, employé à l'État-Major-Général.	TRIVULZI, Adjudant-Général.
AUBERNON, Commissaire-Ordonnateur en chef.	CERISA, Adjudant-Général.

ARTILLERIE.	MARINE.	GÉNIE.	PREMIÈRE DIVISION.	SECONDE DIVISION.	TROISIÈME DIVISION.
Le Général de Division LAMARTILLIÈRE, commandant en chef l'Artillerie. Le Général de Division SUGNY, chef de l'État-Major-Général de l'Artillerie.	SIBILLE, chef de Division, commandant les forces navales de l'armée.	MARÈS, chef de Brigade, commandant le Génie. COUCHE, Capitaine, chef d'État-Major.	MIOLIS, Général de Division, commandant. DARNAUD, PETITOT, Généraux de Brigade. VOUILLEMONT, chef de Brigade, faisant fonction de Général de Brigade. HERVO, Adjudant-Général, chef d'État-Major.	GAZAN, Général de Division, commandant. POINSOT, SPITAL, Généraux de Brigade. Noël HUART, Adjud.-Gén., chef d'État-Major. D'AUVAY, chef d'Escadron chargé de la partie active.	MARBOT, Général de Division, commandant. BUZET, GARDANNE, Généraux de Brigade. SAGUELEU, Adjudant-Général, chef de l'État-Major.

EMPLACEMENT ET FORCE DES DIVISIONS.

DIVISION MIOLIS. Quartier-Général à *Albaro*.		DIVISION GAZAN. Quart.-Génér. à *St.-Quirico*.		DIVISION MARBOT. Quartier-Général à *Savonne*.	
	hom.		hom.		hom.
Elle occupait Saint-Alberto et Reco, par la 8e. demi-brigade d'infanterie légère, forte de	600	Elle occupait Casella, Busalla et Suvigone, par la 3e. de ligne, forte de	1300	Le Général de Division MARBOT étant malade, cette Division était commandée par le Général de Brigade GARDANNE.	
Torriglia et Scofera, par la 24e. de ligne, forte de	800	Teggia, par des grenadiers piémontais, de	90	Elle occupait Stella et Madona, par la 3e. légère, forte de	900
Monte-Cornua, par la 74e., de	1100	Voltaggio et Carasio, par la 5e. légère, de	500	La Vagnella, par la 6e., de	1500
Albaro et Nervi, par la 106e., de	1700	Campo-Marone, Rivaloro et Bouco, par la 2e. de ligne, de	1600	Saint-Bernardoune et la Madona-di-Savona, par la 63e., de	500
Total	4200	La Bochetta, par une compagnie d'artillerie, de	40	Savonne, par la 93., de	500
		Campo-Freddo et Masera, par la 78e., de	1300	Vado et Cadibona, par la 97e., de	1300
		Saint-Quirico, par trois compagnies de sapeurs, de	90	Total	4700
		Total	9120		

RÉSERVE.		GARNISONS DE GÊNES ET GAVI.		RÉCAPITULATION.	
	hom.		hom.		hom.
La Réserve occupait Saint-Pierre-d'Arena, par la 92e., de	500	L'Adjudant-Général Degiovani commandait à Gênes, qui avait pour garnison :		Division Miolis.	4200
Sestri-du-Ponent et Cornegliano, par la 25e. légère, forte de	1700	La 41e., forte de	350	Division Gazan.	4920
Total	2200	La 55e., de	230	Division Marbot.	4700
		La 73e., de	500	Réserve.	2200
		La 45e., forte de 500 hommes, était à Gavi.	500	Garnisons de Gênes et Gavi.	1600
		Total	1600	Total.	17620
				Sur quoi déduire pour les garnisons de Gênes, Gavi et Novi	2300
				Reste à l'armée active	15320

| DIVISION MIOLIS. | DIVISION GAZAN. | DI |
Quartier-Général à Albaro.	Quart.-Génér. à St.-Quirico.	Qua
hom.	hom.	
Elle occupait Saint-Alberto et Reco, par la 8ᶜ. demi-brigade d'infanterie légère, forte de . . 600	Elle occupait Cazella, Buzalla et Savigone, par la 3ᶜ. de ligne, forte de 1300	Lᵉ MAᴋ cette man Brigᵃ
Torriglia et Scofera, par la 24ᵉ. de ligne, forte de 800	Teggia, par des grenadiers piémontais, de . . 90	Eʟ Mad forte
Monte-Cornua, par la 74ᵉ., de 1100	Voltaggio et Carasio, par la 5ᵉ. légère, de . . . 500	Lᵉ 62ᶜ.
Albaro et Nervi, par la 106ᵉ., de 1700	Campo-Marone, Rivaloro et Ronco, par la 2ᶜ. de ligne, de 1600	Sᵃ Mad la 6.
Total 4200	La Bochetta, par une compagnie d'artillerie, de 40	Sᵃ V la 9
	Campo-Freddo et Masera, par la 78ᵉ., de . . . 1300	
	Saint-Quirico, par trois compagnies de sapeurs, de 90	
	Total 9120	

Le Général de Division Sᴜɢɴɪ, chef de l'État-Major-Général de l'Artillerie.

d'Éta

E M P L

JOURNAL

DES

OPÉRATIONS MILITAIRES

DU SIÉGE ET DU BLOCUS DE GÊNES.

Du 15 Germinal.

Au 15 germinal, jour de la reprise des hostilités, l'aîle droite de l'armée d'Italie, aux ordres du lieutenant d'armée, le général Soult, formait trois divisions.

Le tableau ci-joint indique l'emplacement et la force de cette aîle.

Elle était composée, comme on le voit, de 17,620 hommes, desquels il faut déduire pour les garnisons de Savonne, Gavi et Gênes, 2300 hommes.

Il restait donc 15,320 hommes.

Dont, défalquant encore un cinquième qui est au moins ce en quoi les états de situation diffèrent du nombre des combattans , l'on verra l'élite de tout ce qui restait de l'armée d'Italie; plus, les 25e. légère , et 2e. de ligne, 3 divisions, et une réserve enfin, donner un total net d'à-peu-près 12,000 hommes.

Telle était la situation militaire de cette aile de l'armée lorsque la campagne s'ouvrit. Sa ligne qui était, ainsi qu'on le voit par la désignation des postes qui la formaient, de plus de soixante milles d'étendue, l'était beaucoup trop sans doute pour le nombre des hommes qui pouvaient être employés à sa défense. Elle ne pouvait néanmoins être resserrée : il fallait nécessairement garder tous les débouchés, et conserver, autant qu'il serait possible, ses communications avec le reste de l'armée : ce qui devenait même chaque jour d'autant plus important, que les rassemblemens, les mouve·mens, et les reconnaissances que, depuis plus de dix jours, l'ennemi faisait sur tout notre front, et les magasins considérables qu'il avait formés en plusieurs points différens, ne pouvaient permettre de douter d'une attaque prochaine et générale. Il était donc indispensable de l'observer de près, et sur tous les points.

Aussi les instructions les plus précises et les mieux détaillées avaient-elles été données par le général en chef à ses lieutenans. Elle s'accordaient toutes à recommander de suivre le système des masses, et de réunir d'après cela chaque division aux premières tentatives de l'ennemi. Gênes, le but connu des projets de la coalition, avait de même été indiqué pour le point de retraite des trois divisions de l'aile droite.

Nous étions enfin dans l'attente de l'explosion, lorsque le 15, l'apparition de toute la flotte anglaise (36) fut le signal des attaques, qui en effet commencèrent le même jour ; savoir à Ruha, où nous fûmes forcés le matin, mais où nous rentrâmes le soir ; à Borgo-di-Fornari, où l'ennemi voulut couper la ligne de nos troupes, et où le général Poinsot le repoussa en lui faisant quatre-vingt-quatre prisonniers ; et sur les hauteurs de Cadibona (37), où nous conservâmes, par une résistance opiniâtre, toutes nos positions.

-----

(36) Dès ce moment, elle nous coupa presque toutes nos communications par mer, ou du moins empêcha tous les arrivages.

(37) Il y a trois principaux débouchés, qui dans la rivière du Ponent, versent du Piémont à la mer. Ces débouchés, tous praticables pour l'artillerie, sont le Col de Tende, Cadibona, et la Bochetta. En choisissant le premier, les Autrichiens réunissaient

16 Germinal.

Le 16 germinal l'attaque fut générale. Afin d'en présenter les princicipales circonstances, suivons-la de la droite à la gauche ; c'est-à-dire, depuis Nervi jusqu'à Vado.

Elle eut lieu sur les troupes de la première division, par un corps de dix mille Autrichiens rassemblé en avant de Bobbio, auquel s'étaient joints tous les révoltés de Fontana-Buona ; et qui, sous les ordres du lieutenant général *Baron Otto*, était destiné à se porter sur Gênes.

A Monte-Cornua, qui fut de ce côté le point de la principale attaque, l'ennemi déboucha sur trois fortes colonnes, et, par un mouve-

---

presque toute l'armée d'Italie sur leur derrière , manquaient un des premiers but qu'ils devaient avoir (celui de la diviser), multipliaient les obstacles , et augmentaient leurs risques. En s'avançant par la Bochetta, ils réunissaient toute l'armée française sur leur front, et ne tiraient aucun parti des avantages de leur position militaire.

Cadibona seul leur présentait presque tous les avantages réunis sans inconvéniens ; mais la lenteur des mouvemens de l'armée autrichienne, annulla pour elle la majorité des effets qu'elle devait attendre de son état, du nôtre, et de la bonté des plans arrêtés pour la campagne.

ment rapide , contraignit la 74ᵉ , qui défendait cette position , à l'abandonner. Cette demi-brigade se retira , partie sur Novi, partie sur Monte-Faccio, où la 106ᵉ. se porta pour la soutenir. Dans l'après-dîner cette dernière position fut encore enlevée ; malgré tout ce que, dans différens combats (auxquels la nuit seule mit fin), le général de brigade Darnaud et ses troupes aient pu faire pour la conserver et la reprendre.

Malgré ces avantages, l'ennemi eut cent prisonniers de faits dans cette affaire, où il ne nous en fit point (38). Nos troupes prirent position de manière à couvrir Gênes, et à ne pas abandonner Quinto, qui nous resta.

A Torriglia, Scoffera, et St.-Alberto, l'attaque avait aussi été très-vive ; le général de brigade Petitot qui y commandait, s'y était défendu avec toute l'intelligence possible : mais le Monte-Cornua ayant été emporté , sa brigade, forte de mille combattans seulement, se trouvant compromise, il fut contraint d'opé-

---

(38) Le chef de bataillon du Peliet, de la 106ᵉ, y fut blessé de cinq coups de feu. Parmi les braves qui eurent occasion de se distinguer dans cette journée, le général Miolis nomma avec éloge le citoyen Guirmont, lieutenant des grenadiers de la 24ᵉ de ligne.

rer sa retraite sur Prato dans le Bizagno, où le général en chef le fit soutenir par la 73e, qu'il tira de Gênes à cet effet.

Le général Petitot, en donnant dans une des charges de l'ennemi l'exemple de la plus grande bravoure, fut blessé d'un coup de feu. Le chef de brigade Gond, de la 24e de ligne, le remplaça momentanément dans le commandement de cette brigade.

La seconde division avait été attaquée avec moins d'acharnement. Les postes que nous avions à Cazella, Savigonne, Piamone, Castagno et Ronco, afin de ne rien compromettre, s'étaient cependant retirés devant des forces supérieures, et le général Gazan leur avait fait prendre position derrière la Scrivia; il retira aussi sur les *Molines*, les troupes qu'il avait à Voltaggio, et qui, par Piamone et Castagno, auraient pu être enlevées, et évacua par le même motif les cabanes de Macarolo, Rossiglione, et Monte-Calvo (39).

Pendant que ces divers événemens avaient lieu dans la première et la seconde division, la troisième, commandée par le général de

____

(39) La 2e demi-brigade de ligne, qui se distingua par sa valeur, et la précision de ses mouvemens, fit vers le soir soixante prisonniers à l'ennemi.

brigade Gardanne, soutenait de terribles combats.

Des trente mille hommes que M. de Mélas avait rassemblés dans la province d'Acqui, vingt mille, sous ses ordres, marchaient sur Savonne, et nous n'avions dans cette partie que trois mille combattans. Par des prodiges de valeur, ils arrêtèrent l'ennemi pendant trois heures en avant de Torré; mais, accablés par le nombre et toujours attaqués et chargés par des troupes fraîches et nouvelles, ils quittèrent, vers les dix heures du matin, les ouvrages de Torré pour se retirer à Cadibona, où ils devaient prendre position, mais où il fut impossible de les rallier, l'ennemi ayant profité de son premier succès avec tant de vîtesse et d'impétuosité, que ce village fut presqu'aussitôt enlevé qu'attaqué.

C'est dans ce moment qu'arriva le lieutenant-général Soult (parti dans la nuit de Cornegliano). Il voit le danger qui, dans le désordre où il la trouve, menace toute cette division; et jugeant qu'il n'y avait qu'un coup de vigueur qui pût la sauver, il cède à-la-fois à un mouvement généreux, et à l'impétuosité de son courage; il s'élance au milieu des soldats, saisit un drapeau de la 97ᵉ. demi-brigade, et le porte dans l'endroit où les Autrichiens faisaient les plus rapides progrès. Ce trait d'audace, et d'un dévouement généreux, produit sur les Français un effet digne d'eux ; les troupes se rallient, l'homme intimidé devient un brave, et l'ennemi est arrêté. L'adjudant-général Mathis, attaché au général Soult, est blessé dans ce moment.

Le général Soult prend vers une heure après midi, la position de Monte-Moro. Le feu se ralentit ; mais l'ennemi déborde bientôt la ligne des troupes qui lui défendaient les approches de Savonne avec tant d'opiniâtreté. Une de ses colonnes, dont le mouvement occupait le plus le général Soult, était celle qui, descendant des hauteurs de la Stella, se dirigeait sur Albissola, seul point par lequel la division pouvoit se retirer : sa position devenait critique ; il eût bien de suite effectué sa retraite. Mais, pour jeter quelques vivres dans le fort de Savonne, qui n'avait pu être approvisionné à cause de la disette de l'armée, il fallait gagner la nuit. Le général Soult, frappé de cette nécessité, manœuvre pour occuper l'ennemi : ce dernier prend le change pendant deux heures ; mais vers trois heures après midi, il marche sur Monte-Moro. Cette position se trouvant à-la-fois tournée et attaquée de front, la retraite fut ordonnée ; l'ennemi nous serra

même

même de si près, qu'il entra avec nos troupes dans les faubourgs de Savonne. Il en fut néanmoins chassé, et la ville nous resta pendant la nuit; tems précieux, pendant lequel le général Soult jeta dans le fort la 95ᶜ de ligne, forte de six cents hommes, chargea le général de brigade Bujet de sa défense, et lui donna, pour approvisionnemens, les vivres qui devaient être distribués le 17 à la troisième division.

A deux heures du matin il évacua la ville de Savonne, et se retira sur les hauteurs d'Albissola, où l'ennemi était déjà, mais d'où il fut chassé avec vigueur (40).

Quelque succinct que soit ce tableau, il suffit néanmoins pour prouver que ces combats de Torré, de Cadibona et de Monte-Moro, qui furent soutenus à coups de bayonnettes, de pierres et de crosses, ont dû coûter beaucoup de monde de part et d'autres. Il n'y eut cependant pas plus de proportions entre le nombre des morts et des blessés de l'ennemi et le nombre des nôtres, qu'il n'y en avait entre les forces respectives. En raison de notre faiblesse, l'ennemi ne pouvait tirer que sur

---

(40) Le général Gardanne, connu par des talens distingués, et par des connaissances militaires infiniment rares, ajouta encore dans cette journée sanglante à sa réputation si souvent justifiée.

E.

des hommes épars ; en raison de sa force , nous tirions toujours sur des masses.

Vers deux heures après midi, pendant que nos troupes soutenaient de tous côtés les attaques nombreuses et terribles de l'ennemi, une frégate anglaise approcha de la ville de Gênes , et tira sur le quartier de Carignan , le plus populeux et le plus pauvre, à-peu-près 40 coups de canon. Le but, qui était de produire un soulèvement, fut manqué. Le peuple resta tranquille, et la frégate reprit le large vers 5 heures.

17 *Germinal.*

L'ennemi parvenu le 16 au soir à la vue de Gênes par l'occupation de Monte-Faccio, y avait allumé, pendant la nuit, un très-grand nombre de feux, pour augmenter encore l'idée que ses premiers succès avaient donnée de sa force. Cette conduite avait pour but principal d'exciter à un soulèvement le peuple de la ville et celui de la campagne. Ce moyen ne fut pas le seul dont l'ennemi fît usage dans les mêmes vue. Par son ordre , le tocsin fut sonné en même tems dans toutes les vallées qui avoisinent Gênes : de nombreux émissaires furent envoyés dans tous les villages; et faisant à-la-fois servir à l'exécution de ses desseins, les voies de la rigueur et celles de la persuasion, ses agens furent chargés de caresser les uns, et de menacer les autres. On fit plus à l'égard d'un peuple pauvre et mercantile ; ceux des habitans qui prirent les armes furent soldés, et les autres furent imposés (41).

Un de ces êtres vils qui trafiquent par-tout de leur infamie, ce même Assaretto, dont nous avons parlé dans l'une des notes de cet ouvrage, était le principal instrument de ces manœuvres : M. le baron d'Aspres, colonel du régiment des chasseurs de son nom, commandant alors le corps de troupes qui nous avait enlevé le Monte-Faccio, en était l'ame.

Le général en chef, trop militaire pour ne pas chercher à tenir campagne le plus long-tems possible, et trop politique à-la-fois pour ne pas sentir la nécessité de battre l'ennemi sous les yeux de ces mêmes Gênois qui avaient été témoins de ses avantages, résolut (avant de se livrer à des opérations qui pouvoient le retenir quelques jours loin de Gênes), de reprendre le Monte-Faccio dès le lendemain matin. La nuit fut donnée aux dispositions, et le soleil en se levant éclaira la marche des deux colonnes destinées à cette attaque.

Le général Darnaud commandait celle de

(41) Cette solde se prenait, partie sur les impositions ci-dessus rapportées, et partie sur des fonds fournis à cet effet par la duchesse de Parme.

droite, composée de la 74ᵉ et de la 106ᵉ de ligne, et s'avança par Quinto.

Le général de division Miolis celle de gauche, composée de deux bataillons de la 25ᵉ. légère, et marcha par Parisonne.

Le feu des deux colonnes, quoique parties de points très-éloignés, commença à quatre minutes de distances. Cet ensemble si heureux, et si remarquable dans un pays de montagnes; la valeur des troupes, qui fut supérieure à tous les éloges qu'on pourrait lui donner; l'exemple des chefs; la présence du général Massena, tout concourut, malgré la supériorité du nombre et les avantages de la position, à ramener la victoire sous nos drapeaux.

L'ennemi culbuté sur le Monte-Faccio, le fut de même à Panesi, à Saint-Alberto et à Scoffera, que successivement il voulut encore défendre, et où le général Darnaud prit position après l'en avoir chassé. Pendant ces derniers mouvemens le général Miolis occupa Monte-Cornua avec un corps de réserve.

Cette affaire fut hardie, rapide et brillante. Le chef d'escadron Burthe, qui, d'après les ordres du Général en chef, avait marché avec les troupes commandées par le général Miolis, se couvrit de gloire dans cette affaire. On peut dire de ce militaire, que jamais le

hasard ne lui offre en vain l'occasion de jûs-
tifier et d'accroître sa réputation, que ses
talens et sa bravoure lui ont acquise.

Au moment où le général enchef vit l'ennemi
forcé sur ce point, il envoya aux deux bataillons de la 25e. légère, qui combattaient encore
sous les ordres du général Miolis, l'ordre de se
rendre à Gênes, et partit pour le Bisagno avec
sa réserve (le troisième bataillon et les carabiniers de la 25e légère). Mais la victoire, organisée par lui, l'y avait précédée, et déjà la brigade du général Petitot, alors sous les ordres
de l'adjudant général Hector, battait l'ennemi
de ce côté, lorsque le général Massena y arriva,
et se portait sur Campanardigo où elle arriva
dans la journée. Quinze cents prisonniers,
parmi lesquels se trouva le baron d'Aspres,
furent le résultat de cette journée (42). La
réputation de ce dernier peut seule donner
une idée de l'impression heureuse que sa prise
fit en faveur de la bonne cause. Elle doubla
nos avantages par son effet moral. Les patriotes
reprirent courage, et les agitateurs furent
comprimés (43).

---

(42) Le baron d'Aspres se trouva dans le nombre
des prisonniers que firent les troupes de l'adjudant-
général Hector.

(43) Deux circonstances ajoutèrent encore à la gloire

La rentrée du général en chef à Gênes fut touchante; les acclamations universelles, produites par l'admiration et la reconnaissance, l'accompagnèrent (44).

La seconde division reprit dans la même journée Borgo-di-Fornari, Cazella et Savigone. La troisième rectifia la ligne de Varraggio à Campani.

18 Germinal.

Toute cette journée fut donnée à des dispositions générales et particulières.

Les dispositions générales consistèrent à diviser l'aile droite en deux corps d'armée.

Le premier, chargé de la défense de Gênes, sous les ordres du général Miolis, forma deux divisions; la première, commandée par le général de brigade Darnaud, occupant l'est et

---

de cette journée; l'une honore nos troupes, qui, malgré leur misère, ne dépouillèrent pas les prisonniers qu'elles firent; l'autre est relative aux Génois, qui apportèrent au-devant de nos blessés, du vin, et du bouillon, et se disputèrent le plaisir de les porter sur des matelas, et dans des portantines préparées par eux à cette effet.

(44) Nous regrettons de ne pas avoir le nom des braves qui se sont particulièrement distingués dans cette occasion. Nous ne pouvons cependant pas omettre de citer le chef d'escadron Burthe, premier aide-de-camp du Général en chef, qui se distingua par sa valeur éclairée.

le nord-est ; et la seconde, commandée par le général de brigade Spital, occupant l'ouest et le nord-ouest.

Le second corps d'armée, devant tenir campagne, forma de même deux divisions ; celle de droite, aux ordres du général de division Gazan, et celle de gauche aux ordres du général de brigade Gardanne ; le lieutenant-général Soult marchant avec la première, et le général en chef avec la seconde.

Les corps laissés au général Miolis furent les 5e et 8e légère, et les 2e, 24e, 41e, 73e, 74e, et 106e de ligne, avec lesquelles il prit la ligne de la Sturla, garda la position des deux Frères, occupa Ponte-Decimo, et Sestri du Ponent, et avec lesquelles il fit en même tems le service de la place de Gênes.

Les corps des divisions actives, furent pour la division Gazan, les 25e légère, les grenadiers de la 2e, et les 3e, 78e, et 92e de ligne ; pour la division Gardanne, les 3e légère, 62e, 63e, et 97e de ligne, ainsi que les grenadiers des corps restés à Gênes.

Les dispositions particulières, furent pour le général Miolis, toutes les instructions nécessaires à la défense des approches et de la ville de Gênes, que nous allons rapporter ; et celles nécessaires pour les divisions de l'expé-

dition , des ambulances, et des transports (45)
de vivres et de cartouches, et l'ordre donné au
commandant de la marine de suivre avec la flotille , autant du moins que cela se pourrait, le
mouvement que le général en chef projetait,
afin de protéger nos transports par mer contre
les petites embarcations de l'ennemi.

No t i c e sur la défense de Gênes, approuvée par le
Général en chef Massena, et donnée au moment de
son départ, le 19 germinal, au général Miolis.

Les procédés à employer en général pour la défense
de Gênes , doivent varier comme la force des troupes
qui y sont appliquées , comme la nature des positions
respectives occupées par les armées opposées, et
comme les probabilités, sur la plus ou moins grande
proximité des secours.

Dans cette circonstance, les troupes employées à
couvrir cette place, reçoivent une augmentation de
force par l'effet moral de la victoire du 17 courant,
en ce qu'on peut se dispenser, pendant la durée de
cet effet moral, d'employer, contre la population de
la ville et de la campagne, une partie de ses forces,
et les laisser presque toutes aux manœuvres ten-
dantes à repousser l'ennemi qui tient la campagne.

Les circonstances de l'attaque des positions de l'ennemi par le gros de l'armée, et la proximité de son
retour , déterminent la nature de la résistance que doit

---

(45) Ce service des transports fut aussi embarrassant
par la difficulté de trouver des mulets , que par la difficulté et la longueur des routes. On fut obligé de suppléer au défaut de mulets par des hommes.

opposer en ce moment la place de Gênes. Ce n'est plus une place bloquée livrée à elle-même, et qu'il faut défendre sans espoir de secours, c'est la droite de l'armée parfaitement retranchée, qui, en se tenant en mesure, donne le tems à sa gauche, et à son centre, de se mouvoir, et de se livrer avec sécurité à toute l'énergie d'une entreprise décisive. Le terme de huit à dix jours, qui est à-peu-près le maximum de tems nécessaire à cette opération, est bien au-dessous de celui de la résistance que la place peut opposer, quand même l'ennemi serait en mesure de faire les opérations d'un siége. Quelle progression n'apporte pas à la durée de la défense présumée, la considération que l'on n'aura à faire ici qu'à une très-petite partie de l'armée autrichienne, dépourvue de moyens de siége, moyens qui, malgré la possibilité de se procurer, de la flotte anglaise, une certaine quantité d'artillerie, seraient trop longs à réunir, et plus difficiles encore à employer? Toutes ces considérations propres à inspirer la plus grande sécurité au corps de troupes qui défendra Gênes, doivent servir à régler toutes les parties de la défense.

La nature du terrein divise cette défense en deux parties distinctes, et séparées par le cours du Bisagno.

La gauche s'étend depuis le fort de l'Eperon jusqu'à l'extrémité du contre-fort détaché des deux Frères, et qui va se perdre près de Teglia vers la Polcevera; elle passe par la crête des deux Frères, et est couverte par la pointe isolée du fort du Diamant.

Si le nombre des troupes disponibles pour la défense ne permettait pas d'appuyer cette gauche sur Teglia, on pourrait prendre le contre-fort en arrière. Il a moins de développement; il est d'un accès plus difficile, tient à la même position, et la concentre davantage.

Le fort du Diamant doit être défendu avec énergie; et pour cela, il faut une garnison exercée, un bon commandant, et toujours des vivres, et des munitions pour trois jours.

Le fort de l'Eperon, qui est la clef de la place de ce côté, doit, dans tous les cas, et sur-tout dans celui d'un abandon momentané de la position des deux Frères, être couvert par un corps de troupes qui puissent défendre, avec facilité, et sous la protection du fort de l'Eperon, cette crête longue et étroite.

Si l'ennemi se trouvait seulement en présence de nos dernières positions, il faut, pour éviter toute surprise, fermer et condamner la plus grande partie des portes de la ville, n'en laisser ouvertes que le moins possible, et les garder en force, et avec de grandes précautions (la poterne du fort de l'Eperon est mauvaise, mal défendue, et aisée à forcer), appliquer à la défense des remparts, aux endroits qui en seront susceptibles, les soldats les moins exercés, et réserver les troupes de ligne pour les manœuvres, et les sorties.

Il est bien essentiel que si l'ennemi vient à isoler le fort du Diamant du fort de l'Eperon, on applique une force suffisante pour le rechasser de sa position, et rétablir la communication.

La droite de la position de Gênes consiste dans les hauteurs *del Rati*, sur le prolongement desquelles se trouve le fort Richelieu, et d'où se détachent cinq contre-forts. Le premier, partant de ce fort, est parallèle à la Sturla, la longe, et se prolonge vers la mer. Si le fort était armé de pièces d'un plus gros calibre, ce contre-fort serait inoccupable par l'ennemi, tant que nous serions maîtres de ce fort.

Il est donc essentiel de rectifier sans délai son armement, et de le munir d'une bonne garnison, bien commandée, et approvisionnée pour plusieurs jours en munitions de guerre et de bouche.

Le second contre-fort est celui sur lequel se trouve le fort Sainte-Tecle, dont la construction n'est pas achevée, mais qui avec un grand effort peut être mis en peu d'instans à l'abri d'insultes, et faire le plus grand effet sur toutes les parties de la position de la Sturla et d'Albaro. Ce fort voit tous les revers du premier contre-fort, toutes les ondulations des environs d'Albaro, tous les revers de la Madona del Monte, qu'il serait si dangereux de laisser occuper par l'ennemi ; et enfin il assure la communication de la place avec le fort de Richelieu (*).

Le troisième contre-fort est celui de la Madona del Monte. Si le fort Sainte-Tecle nous est conservé, et que le fort Quezzi, ou que la position qui y tient puisse l'être de même, il sera impossible à l'ennemi de s'établir sur la Madona del Monte, d'où on ne peut pas se dissimuler qu'il pourrait, avec de l'artillerie, fortement incommoder la place de Gênes. Cela est cependant subordonné à la possibilité d'avoir cette artillerie en peu de tems ; et l'occupation du fort Sainte-Tecle, ainsi que de celui de Richelieu, y est un puissant obstacle.

Le quatrième contre-fort est celui de Quezzi : on y a commencé la construction d'un fort qui y aurait été infiniment utile. Il aurait vu le deuxième revers

______

(*) Le fort S. Tecle a été depuis mis en état de défense ; et sauf le défilement que le défaut de troupes, de matériaux n'a pas permis de perfectionner dans quelques parties, il était parfaitement à l'abri d'un coup-de-main : on n'y communiquait que par une échelle.

du contre - fort de la Madona del Monté, et en aurait empêché l'occupation. S'il était possible d'occuper ce contre-fort avec sûreté, au moyen de ces commencemens de construction, cela établirait par le village de Molini, et le contre-fort qui y aboutit, la communication entre la droite et la gauche de la position (*).

Enfin, le cinquième contre-fort (on ne comprend pas dans ce contre-fort la grande hauteur qui est détachée de la masse principale, et est tournée par le Bisagno), est celui qui se détache de la montagne *del Rati*, et qui aboutit à la *Serra di Bavari*; c'est un col qui sépare les sources de la Sturla, des versans du Bisagno : il est essentiel de remarquer que malgré l'occupation delle Fazzie d'un côté, et de Campanardigo de l'autre, l'ennemi peut, par le point de la Serra di Bavari, se porter sur les hauteurs *del Rati*, dominer tous les contre - forts qui s'en détachent, et se diriger sur Gênes : cela étant su, il est facile de prévenir les surprises, et les entreprises que l'ennemi pourrait faire pour couper le corps qui occuperait les hauteurs delle Fazzie.

En résumant les moyens de défendre Gênes, on peut donc prendre pour principes, de ne laisser couper par l'ennemi aucun corps ou partie de corps des troupes qui en défendent les positions avancées, d'empêcher l'isolement des forts détachés, et de rétablir les communications entr'eux et la place, toutes les fois qu'elle pourra être interrompue, de se tenir en garde contre les surprises, qu'un grand développement de fortifications peut favoriser, soit par terre,

______

(*) V. la note pag. 159, relative à la construction du fort Quezzi.

soit par mer, et enfin d'empêcher, ou au moins de retarder le plus possible tout débarquement d'artillerie de la part des Anglais. Toutes ces précautions peuvent porter la durée de la résistance de la place de Gênes, bien au-delà du terme de l'opération qui va s'exécuter. *Signé*, le chef de brigade, commandant en chef le génie, MARÈS.

Le but du mouvement général, était de débloquer Savonne, de rétablir les communications avec le général Suchet, et de reprendre notre première ligne.

Le plan consistait à forcer l'ennemi de se morceler pour faire face à chacune des deux divisions qui devaient marcher à lui séparées, par tout l'intervalle qu'il y a des hautes crêtes des Appenins à la mer : de lui refuser brusquement la gauche, lorsque les troupes de la division Gardanne auraient dépassé les positions de Varraggio : de réunir, par un mouvement rapide, les deux divisions à Monte-Notte : aussitôt arrivées, d'attaquer les troupes que l'ennemi aurait dans cette partie, ou bien de se reployer sur celles qui tiendraient la marine, sur-tout sur Savonne, et Vado, pour nourrir les troupes, et approvisionner cette première place avec les magasins que l'ennemi avait déjà dans la dernière ; ou bien de conserver les hauteurs pour empêcher l'arrivée des renforts que l'ennemi pourrait recevoir; ou bien encore, de marcher au-devant du général Suchet, si ce dernier s'avançait vers nous, ou seulement occupait Saint-Jacques; le tout suivant les circontances.

Dans la nuit du 18 au 19, tous les corps qui devaient composer la colonne du général Soult, furent dirigés sur Voltry; quant à l'ennemi, à l'exception de la Bochetta qu'il nous enleva, il employa cette journée (par une inaction dont le motif nous est inconnu), à nous observer, et à porter seulement différens corps de sa gauche et de sa droite, vers le centre de ses positions qui était à Sassello.

Les corps de sa droite qui exécutèrent cette marche, se trouvant de beaucoup en arrière de la ligne occupée par le général Gardanne qui était en avant de Varraggio, M. de Mélas crut que la position de cette division ainsi tournée, pourrait forcer ce général à capituler. Il le fit donc sommer vers le soir, de mettre bas les armes. . . . « *Les Français*, répondit » le général Gardanne, *ne capitulent point* » *quand ils peuvent se battre* ». Et il renvoya le parlementaire.

De toutes parts autour de Gênes, le tocsin continua de sonner pendant cette journée; et ce qui prouve que l'ennemi avait des intelligences nombreuses dans la ville et dans les faubourgs, c'est que dans la soirée du 18 , des fusées parties de Carignan, et de Saint-Pierre d'Arena, répondirent à différens signaux apperçus dans les montagnes, et sur mer.

19 Germinal.

A trois heures du matin, le tocsin redouble de tous côtés, et le bruit se répand que plusieurs milliers de Piémontais, réunis aux insurgés de la Ligurie, descendent de la Polcevera pour couper la communication de Gênes à Voltry. La position de l'armée qui, dans ce moment, se trouvait morcelée à Gênes, à Voltry, et à Varraggio, rendait ces bruits extrêmement alarmans. Vers cinq heures du matin le tocsin finit. Vers dix heures il recommence. Un homme à cheval, le sabre à la main , vient crier *vive l'Empereur*, jusque sous le pont de Cornegliano; mais ces cris ne produisent rien, et cet homme disparait.

L'on annonce cependant des colonnes descendant sur Gênes de tous côtés.

Le général en chef, malgré l'agitation que produisent ces nouvelles , ne change rien à ses résolutions , et continue à travailler à l'exécution de ses plans.

Il engage le gouvernement Ligurien à organiser la levée des patriotes, c'est-à-dire, des amis des deux Républiques. Pour assurer la tranquillité, il fait revêtir le ministre de la police de pouvoirs extraordinaires, afin que toutes les mesures, que les circonstances pourront nécessiter, soient prises par lui, et qu'il n'ait à se concerter à cet effet qu'avec le général Dégiovani, commandant la place. Il arrête des dispositions (46) qui accélèrent et assurent le paiement de l'emprunt de 5oo,ooo francs. D'après ces dispositions, l'adjudant-général Ottavi est chargé de surveiller les versemens, et le payeur de l'aile droite de les recevoir.

Les bruits du mouvement de l'ennemi devenant toujours plus sérieux, et une forte colonne ennemie ayant déjà passé Ponte-Decimo, le Général en chef, par surcroit de précaution, se détermine à laisser à Gênes le général de division Oudinot, chef de l'état-major-général, et le chef de brigade Marès, commandant le génie. Enfin il écrit au Gouvernement : « Je » marche à l'ennemi : le général Miolis com- » mande en mon absence : dévouez-vous, » multipliez-vous, reposez-vous sur mes ef-

---

(46) Ces dispositions sont les garnisaires et l'embarquement des corsaires français.

forts ».

» forts ». Et il part vers onze heures pour se rendre à Cogoletto (47), où il établit le soir son quartier général.

D'après le plan arrêté, le général Soult devait être le même soir à Sassello; mais un des mouvemens de l'ennemi retarda le sien, par la nécessité d'assurer ses derrières, et de conserver ses communications avec Gênes.

Vers deux heures du matin, au moment où ce général se diposait à quitter Voltry pour se porter à Sassello, il apprit que l'ennemi, maître du poste des cabannes de Macarollo, s'était avancé jusqu'à Aqua-Santa (à trois milles de Voltry). Dans cette position, il résolut d'attaquer l'ennemi dans ses nouvelles positions. Le général Gazan est chargé de cette opération, dans laquelle les 25e légère, 3e, et 78e de ligne sont employées.

D'après ces dispositions, le Général Poinsot marche sur Campo-Freddo, pendant que deux colonnes parties, l'une de Sestri, et l'autre de Massone, se dirigent sur les Cabannes.

A l'approche de nos troupes, Aqua-Santa est évacuée; mais, près de Macarollo, l'ennemi rassemblé, accepte le combat, dans lequel,

---

(47) Patrie de Christophe Colomb.

F.

forcé sur tous les points par une charge extrêmement vive, il est complétement mis en déroute, et perd, sans compter ses morts et ses
blessés, deux pièces de canon, et six cents
prisonniers qu'il laisse au pouvoir du général
Gazan.

Dans son rapport, le général Soult fait le
plus grand éloge de la 3e de ligne, en disant
que cette demi-brigade s'est distinguée en com-
battant avec la 25e légère. Ces deux corps en
effet ont rivalisé de gloire pendant tout le blocus. Le chef de brigade Mouton, commandant
cette première, exécuta, avec deux de ses
bataillons, une charge qui décida en partie de
cette affaire. Le chef d'escadron d'Aoust, chef
d'état-major de la division Gazan, contribua
de même à ce succès, par un mouvement au
moyen duquel il se porta, avec un bataillon de
la 5e., et deux de la 78e., sur le flanc droit de
l'ennemi qui, par cette manœuvre, fut rejeté
au-delà de la Lerma.

Ce succès obtenu, le général Gazan se porta
à Campo-Freddo, d'où le général Poinsot venait de chasser l'ennemi, après lui avoir fait,
avec un bataillon de la 78e, et la 92e., cent
vingt-quatre prisonniers, et où la division prit
position dans la soirée du 19.

Cette victoire remportée à Macarollo, assura le mouvement, et les derrières de la division Gazan; mais la nécessité de ce combat, n'en produisit pas moins le mal inévitable de mettre les troupes du général Soult hors d'état de concourir aux opérations que le général en chef avait arrêtées pour le lendemain.

20 *Germinal.*

Le 20 à quatre heures du matin, le lieutenant-général Soult se dirigea par Aqua-Bianca, Martino, et San-Pietro del Alba, sur Sassello. A un mille de Pallo, il fut informé que quatre régimens ennemis, formant huit mille hommes, venant de Monte-Notte, se portaient à la Verreria, et que le lendemain cette colonne devait attaquer le détachement que nous avions à Campani, et se porter ensuite à Voltry afin de couper la retraite à la colonne qui suivait la marine, et avec laquelle marchait le général en chef (48). Pour déjouer ce projet, le géné-

(48) Après avoir laissé, sous les ordres du général Elnitz, des forces suffisantes pour contenir le général Suchet, M. de Mélas marchait contre le général Massena avec trois corps d'armée, celui de droite composé des brigades de Bussy, Latterman et Sticher, commandé par le comte de Palfig; celui du centre, composé des brigades Bellegarde et Beautano, commandé par le général de Bellegarde; et celui de gauche, commandé par le général St.-Julien, et dont les 8000 hommes ci-dessus mentionnés faisaient partie.

ral Gazan prit avec les 5e. et 78e, position à Pallo, sur le chemin qui conduit de la Verreria à Pouzonne, et le général Poinsot reçut ordre d'attaquer, à la hauteur de Sasselo, l'arrière-garde de l'ennemi, qui filait par-là sur la Verreria.

A la tête d'un bataillon de la 25e légère, le général Poinsot exécuta ce mouvement avec tant d'impétuosité, que l'ennemi ne put lui résister, ni se rallier nulle part. La ville fut emportée au pas de charge; de la même manière, une partie du régiment de Deutchmeister fut coupée; et lorsque le général Poinsot, à un mille au-delà de Sasselo, atteignit l'artillerie de l'ennemi, escortée par cinquante hussards, il n'avait avec lui que quinze chasseurs, qui seuls avaient pu le suivre dans sa course rapide.

La victoire souriant à l'audace, trois pièces de canon restèrent en son pouvoir; l'ennemi perdit outre cela, par la prise de Sasselo, un convoi de deux cents mille cartouches, et six cents prisonniers (49).

L'attaque qui concourut principalement à la réussite de celle-là, fut celle de *Costa la*

---

(49) Au nombre des braves que cette action nous coûta, nous citerons le citoyen Gavaret, lieutenant des carabiniers à la 25e légère : les regrets de toute la demi-brigade honorent sa mémoire.

Louga, qu'exécuta un des bataillons de la 25e.
légère, sous les ordres de son chef de brigade
Godinot.

La difficulté de concerter des mouvemens
et d'en assurer l'harmonie, forme presque
toutes celles de la guerre des montagnes.

Le Général en chef, qui ne put être instruit
des retards forcés que le général Soult éprou-
vait dans son mouvement sur Monte-Notte,
n'en effectuait pas moins le sien avec les troupes de la division Gardanne, auxquelles devaient
se joindre, dans la journée, un bataillon de
grenadiers des corps restés autour de Gênes.

Cette division marchait sur deux colonnes;
celle de droite, sous les ordres de l'adjud.-gén.
Sacqueleu, composée des 62e, et 97e; celle de
gauche, conduite par le général Gardanne,
composée des 5e. légère, et 65e. de ligne, et
avec laquelle marchait le général en chef.

Cette colonne, qui ne formait pas douze
cents combattans, débouche, vers huit heures
du matin, de Varraggio, et se dirige sur la
Stella. A la moitié de sa route, elle se trouve
en présence d'une colonne, qu'à une très-petite
distance, l'ennemi portait dans la même direction, en suivant le mamelon opposé à celui
que tenait nos troupes.

L'ennemi commence le feu; nos troupes y

répondent sans ralentir le mouvement, (le but
étant de gagner les hauteurs sur lesquelles la
colonne de droite se dirigeait) : L'ennemi, qui
s'en apperçoit, marche sur nous, et déployant
des forces décuples des nôtres, en couvre
bientôt toutes les hauteurs, et force le général
en chef à prendre position, afin d'attendre
que le mouvement du général Soult sur Monte-
Notte, force l'ennemi à se diviser, et que
l'arrivée de la colonne de droite, et du bataillon de grenadiers, achève de le mettre à
même d'agir offensivement.

Le feu devient terrible. Le général Gardanne est blessé ; immédiatement après lui
l'adjudant-général Cerise l'est également ; l'adjudant général Campana, le chef d'escadron
Burthe, le chef de bataillon Laudier, et le
capitaine Marceau, (tous trois aides-de-camp
du général en chef), le sont en moins de deux
heures. Six fois l'ennemi charge notre front,
et six fois, par la valeur des troupes, il est
repoussé avec une perte considérable (5o) ;

____

(5o) Les impressions morales font tout sur nos
troupes ; l'idée qu'elles allaient être secondées par
une colonne de grenadiers, et par celle de l'adjudant-général Sacqueleu, et que le général Soult tournait l'ennemi, leur fit faire des prodiges, en faisant
soutenir à 12oo hommes, un combat de huit heures,
contre plus de 10,000.

mais, comme nous n'étions pas en état de le poursuivre, il se doute de notre faiblesse, et se détermine à profiter de notre opiniâtre résistance pour nous envelopper.

Le feu se rallentit pendant près de trois heures, que l'ennemi employa à former les deux fortes colonnes qui devaient nous tourner, et vers quatre heures du soir, il exécuta son mouvement, et nous força d'autant plus vîte à une prompte retraite, que ni le batailllon de grenadiers, ni la colonne de droite, ni le général Soult n'avaient paru.

La supériorité de l'ennemi, la nature de son mouvement, son acharnement, les pertes de la journée, les difficultés du **pays**, tout ayant démontré au général en chef l'impossibilité de rien entreprendre avec les troupes de cette colonne, il laissa au général Fressinet, (qui en avait pris le commandement au moment où le général Gardanne avait été blessé,) le soin de la retraite, et se rendit à la colonne de droite, à travers d'horribles précipices, suivi de trois officiers, qui seuls lui restoient de tout son état-major, au risque d'être pris par l'ennemi, ou assassiné par les paysans armés qu'il rencontra dans les montagnes.

Mais enfin, à travers des périls de tant d'espèces (51), il arriva après une heure et demie de marche, précisément dans la route par laquelle cette colonne se retirait (52); il lui fit de suite reprendre ses positions du matin sur les montagnes en arrière de Varragio, et, se trouvant par-là sur le flanc gauche de l'ennemi, qui déja avait dépassé ce village, il fit seconder par le capitaine Mathivet, commandant quatre compagnies de la 62ᵉ., les efforts du bataillon des grenadiers, qui enfin arrivé, favorisoit la retraite de la colonne de gau-

---

(51) Par la faute d'un guide, le général suivait, au commencement de cette marche, un chemin qui, appuyant toujours à gauche, le jetait dans la route par laquelle l'ennemi tournait la droite de la position que nos troupes avaient si long-tems défendue dans la journée. L'adjudant-général Thiébault, s'en apperçut, et lui fit changer de route, lorsqu'heureureusement il en était encore tems.

(52) Cette colonne, extrêmement retardée dans son mouvement par la lenteur avec laquelle ses distributions s'étaient faites, et par la longueur et la difficulté de sa marche, ne s'était trouvée à portée d'agir, que lorsque les troupes de la colonne de gauche étaient déjà en pleine retraite. Cette circonstance avait déterminé l'adjudant-général Sacqueleu à ne rien compromettre, et à se retirer sans en venir aux mains.

che (53), et parvint, vers les neuf heures du soir, à arrêter l'ennemi.

A dix heures, il se rendit à Cogoletto (54), et, en faisant prendre à toutes les troupes position en avant de ce village, il donna les ordres les plus précis pour que les corps fussent de suite reformés : son projet était de quitter la marine, d'appuyer sur sa droite, et de se réunir pendant la nuit au général Soult, afin de ne plus former qu'une masse, et alors de manœuvrer sur les différentes divisions de l'ennemi : la nuit pouvait cacher son mouvement pendant quatre heures ; et quatre heures pou-

---

(53) Le général Fressinet, qui combattait à la tête de ces grenadiers, tendit, au moyen d'une fausse contre-marche, un piége dans lequel l'ennemi donna si complettement, que dans la déroute qui en résulta pour lui, le général Mélas n'échappa que parce qu'il n'était pas connu.

(54) De toute cette journée, le Général en chef n'avait point quitté les tirailleurs. Il avait perdu un général de brigade sur deux, deux adjudans-généraux sur trois, et trois aides-de-camp sur cinq. Vers la fin de l'affaire, il dit avec amertume à l'adjudant - général Thiébault, ce mot qui prouve combien il était vivement affecté de sa situation.... *La mort, Thiébault, n'a donc pas voulu de nous !* Dans la journée, il lui était échappé à différentes reprises...... *Comment, pas une balle pour moi !*

vaient lui suffire pour assurer la réussite de cette entreprise : il instruisit les généraux Audinot et Miolis de cette résolution, et fit de suite évacuer sur Gênes tout ce qui se trouvait sur la marine.

21 *Germinal.*

Cette idée de la réunion subite de toutes ses forces sur la droite de ses positions était vraiment militaire, et conséquente au système de guerre arrêté par le général en chef. C'est ce qu'il pouvait faire de plus décisif dans ce moment : ceux qui la comprirent furent frappés de sa justesse, que la situation des choses rendait évidente : cette jonction inattendue assuroit en effet l'anéantissement du corps ennemi que le général Soult avait devant lui, et pouvait conduire à des résultats heureux.

Le départ étant fixé à deux heures du matin, le général en chef fit appeler à une heure le général Fressinet et tous les chefs des corps, pour leur communiquer son plan, et donner à chacun ses ordres particuliers sur ce qu'ils avaient à faire pour concourir à sa réussite.

Mais le général Fressinet lui déclara « qu'il » avait été absolument impossible de reformer » les corps ; qu'un très-grand nombre de sol- » dats avaient pris à travers les montagnes la

» route de Gênes ; que toutes les maisons, tous
» les jardins en étaient remplis ; que les trou-
» pes étaient harrassées et affamées, et que,
» sûr de n'être suivi par personne, il lui pa-
» raissait impossible de faire, avant le jour,
» aucun mouvement ».

Cette déclaration ayant été en substance celle
de tous les chefs des corps de cette division,
le général en chef, contraint de différer son
entreprise, termina cette conférence, en leur
renouvelant l'ordre d'employer tous les moyens
imaginables pour reformer les corps, et de lui
rendre compte d'heure en heure du nombre
d'hommes présens à chacun d'eux.

Dans cette situation, le général en chef
change ses dispositions de la nuit, et envoie
au général Oudinot, chef de l'état-major-général, et au chef de brigade Marès, commandant le génie, l'ordre de quitter Gênes, et de
se rendre de suite auprès de lui ; mais pendant
que l'adjudant-général Thiébaut expédiait ces
différens ordres, le général en chef, resté
seul avec lui, lui répéta souvent : *Rappelez-
vous ce que je vous dis.* « *Je cède à une*
» *nécessité bien malheureuse, et le tems*
» *qu'elle me fait perdre ici sera irrépa-*
» *rable* ».

Le jour vint et éclaira le peu d'ordre qui

régnait parmi les troupes ; le rapport fait par le général Fressinet et les chefs était vrai à la lettre, et les corps ne se formèrent que dans la matiné (55).

Une reconnoissance que le chef de brigade Cassagne fit à la pointe du jour, et le rapport de l'adjudant-général Gauthier qui arriva vers dix heures du matin de la division de l'aîle droite, achevèrent de démontrer au général en chef, la nécessité de renforcer le général Soult ; et en conséquence, par une modification de son idée première, comptant sur l'effet de sa présence, tant pour suppléer au petit nombre de ses troupes en cas d'attaque, que pour empêcher l'ennemi de se trop dégarnir devant lui, il résolut, vers onze heures du matin, de rester à Cogoletto avec la 97e. demi-brigade, et le bataillon de grenadiers seulement, et de détacher les 3e. légère 62e., et 63e. de ligne, pour se réunir à la colonne du général Soult.

---

(55) Si le lecteur veut bien se rappeler l'état des troupes avant le blocus, leur faiblesse physique, le délabrement de leur santé, et toutes les causes du découragement qui les entouraient, il concevra combien il était difficile de leur faire tenir campagne, et combien elles devaient être loin de pouvoir soutenir de nouvelles privations, et de grandes fatigues.

Avant midi, ces troupes, commandées par le général de brigade Fressinet, étaient en marche : mais soit que l'ennemi ait eu connoissance du mouvement que le général en chef avait voulu faire, soit qu'il l'ait prévu, soit qu'il ait voulu renforcer le corps que le général Soult combattait, soit qu'il ait voulu se porter entre lui et le général en chef, ou les tourner l'un ou l'autre, le fait est qu'il faisait en même tems, et dans la même direction, un mouvement semblable à celui du général Fressinet, et que pendant quatre milles les colonnes autrichiennes, et françaises filèrent sur des crêtes parallèles à portée du canon l'une de l'autre. Après avoir passé un couvent nommé le Désert, le général Fressinet qui cherchait à couvrir sa marche, parvint cependant à échapper à la vue de l'ennemi. Mais afin de suivre avec quelque méthode les faits nombreux de cette journée si féconde en événemens militaires, reportons-nous à l'instant où nous avons interrompu le fil des opérations du général Soult.

On se rappellera sans doute que par la position que ce général avait prise le 20 au soir autour de la Verreria, il ne restait à l'ennemi qui l'occupait que deux points de retraite, l'un sur *Ponte-Ireo* par la *Moglia*, et l'autre sur *Monte-Notte* par la *Slatta.* Il craignit pour le premier de ces débouchés, et y porta pendant la nuit un des quatre régimens qui oc-cupaient Verreria, conservant cette position avec les trois autres.

Ce mouvemement qui l'affoiblissait en le divisant, ne pouvait que favoriser l'attaque que le général Soult avait projetée sur ce point. Aussi, le 21 à quatre heures du matin, le général Gazan, pour profiter de cette circonstance avantageuse pour nous, ayant sous ses ordres les 25e. légère, 3e., et 92e. de ligne, et les grenadiers de la 2e., fut-il chargé d'enlever cette posision : la défense fut opiniâtre ; mais la bravoure extraordinaire des troupes, jointe à la bonté des dispositions, leur fit surmonter les obstacles des lieux et du nombre, et l'ennemi pressé de tous côtés, fut, au bout de douze heures de combat, contraint d'effectuer sa retraite sur Tagliarino : ce mouvement rétrograde fut saisi ; les efforts redoublèrent avec les succès ; l'ennemi fut encore chassé de Tagliarino, et la victoire fut complète. Deux mille prisonniers (56), et

______

(56) Parmi ces prisonniers, était, à 150 hommes près, tout le régiment de Deutschmeister, qui, des hauteurs de Tagliarino, ayant été détaché vers celle de Casta la Longa, se trouva coupé par l'en-

sept drapeaux en furent le résultat (57).

Cette affaire, dit le lieutenant-général Soult (dans son rapport au général en chef), fait le plus grand honneur au général Gazan. L'adjudant-général Gauthrin, chef de l'état-major de l'aîle droite, s'y distingua. Les chefs de brigade Routon de la 3e. de ligne, et Godinot de la 25e. légère, s'y comblèrent d'honneur. La conduite des troupes, et de la plupart des officiers fut de même au-dessus de tout éloge, pour les prodiges de valeur qui se renouvelèrent à chaque instant.

Pendant cette action, la 78e., sous les ordres du général Poinsot, était restée en réserve sur le chemin de Pouzonne et de Sasselo. Celles des troupes de l'ennemi qui, dans cette affaire, échappèrent aux nôtres, furent se rallier aux corps qui étaient en position à la Moglia, et à la Golera. Loin de les poursuivre, le général Soult jugea devoir rallier ses troupes sur la hauteur dite *Gros Pasto*, position importante en ce qu'elle domine toutes

---

levement de ces premières, et rendit les armes à trois compagnies de la 3e légère, et aux carabiniers de la 25e légère.

(57) De ces sept drapeaux, six appartenaient au régiment de Deutschmeister, et un à celui de Latterman.

celles qu'il venait de parcourir, et qu'elle est parallèle à la montagne de l'Hermette, dont il était vraisemblable que l'ennemi ne tarderait pas à s'emparer.

En effet, le mouvement du général Soult commençait à peine à s'opérer, que l'ennemi, débouchant sur deux colonnes fortes à-peu-près de cinq mille hommes chacune, vint prendre position à l'Hermette, et chercha de suite, par le prolongement des hauteurs, à déborder la gauche des troupes du général Soult.

Cette manœuvre exécutée deux heures plutôt eût été extrêmement embarrassante pour lui; mais la rapidité de la marche du général Soult, ses succès, et les dispositions de l'ennemi prévues, le mirent à même de faire échouer ses desseins. L'attaque de l'Hermette fut ordonnée : nos soldats, quoique fatigués et foibles, l'exécutèrent avec la plus grande valeur, et déjà la gauche obtenait des succès; mais la droite débordée battit en retraite, aussitôt que la fusillade commença sur les derrières; les troupes d'ailleurs manquaient de cartouches et de pain; elles étaient harrassées : c'était le second combat de cette journée, et la nuit approchait : dans cette situation critique, le chef de brigade Godinot,

commandant

commandant la 25ᵉ légère, et qui venait d'être blessé, oublie ses douleurs ; il s'élance partout où nos troupes fuient, et se couvre de gloire par les efforts généreux au moyen desquels il les rallie, et les ramène au combat. C'est dans ce moment qu'une vive fusillade se fait entendre sur la gauche ; l'idée que le général en chef arrivoit et enveloppait l'ennemi, fut présentée avec adresse, et rendit aux soldats cette énergie que l'enthousiasme produit toujours sur nos troupes, et qui leur fait vaincre tous les obstacles : ce feu était celui de la colonne du général Fressinet. Après cinq heures de marche, ce général s'était trouvé en présence d'une colonne ennemie qui cherchait à gagner par sa gauche les derrières du général Soult. Aussi pressé d'arrêter cette colonne que de faire entendre son feu à ce dernier, le général Fressinet avait profité d'un petit bois pour rassembler ses corps à la hâte sans être apperçu. Dès que les carabiniers de la 3ᵉ légère avaient été réunis, il les avait fait donner, le reste de la demi-brigade n'avait pas tardé à les soutenir ; mais les forces de l'ennemi sur ce point avaient annullé leurs efforts. Ils n'avaient été en effet destinés qu'à prévenir le général Soult de l'arrivée d'un renfort, et qu'à occuper l'ennemi jusqu'à ce que les 62ᵉ, et

63ᵉ eussent été formées. Aussitôt qu'elles le
furent, le général Fressinet déboucha à leur
tête, du petit bois qui l'avait couvert : le pas de
charge, dans cette occasion importante, et qui
décidait en partie du sort des troupes du général Soult, produisit son effet ordinaire, et
la bayonnette française fit raison d'un corps
ennemi, que sa force, et sa position ne pouvaient pas permettre d'attaquer avec d'autres
armes.

Le général Fressinet donna dans cette journée l'exemple d'une grande intrépidité, en
même tems qu'il déploya de véritables talens.

Nous perdîmes dans cette occasion le chef
de brigade Villaret, commandant la 65ᵉ. Cet
officier distingué, et si bien fait pour l'être,
emporta des regrets aussi vifs qu'universels.
Sa mort glorieuse fut vengée par celle du grand
nombre d'ennemis, qui restèrent sur le champ
de bataille. Outre leurs morts, et leurs blessés, les Atrichiens perdirent six cents hommes, et trente officiers qui furent faits prisonniers de guerre sur la montagne de l'Hermette, que le général Fressinet enleva, et où
il opéra sa jonction avec les troupes du général Soult.

Cette jonction infiniment heureuse acheva

de compléter cette journée, l'une des plus glorieuses comme des plus pénibles, de tout le mouvement du général Soûlt. Elle coûta à l'ennemi près de cinq mille hommes, dont les trois cinquièmes furent faits prisonniers de guerre (58). Les 25ᵉ légère, 3ᵉ, et 78ᵉ de ligne, ainsi que les grenadiers de la 2ᵉ, perdirent dans cette affaire plusieurs de leurs braves. Les regrets qu'ils emportèrent furent d'autant plus amers, que presque tous périrent victimes de leur courage héroïque, en répétant de ces mots d'éclat que l'on ne peut nombrer dans nos armées, et dont un seul bien connu suffirait pour honorer la carrière militaire d'un officier.

Dans cette dernière attaque, le chef d'escadron d'Aoust eut un cheval tué sous lui.

La nuit obscure qu'il faisait (59), et le dispersement des troupes, décidèrent le lieutenant-général (pour ne rien compromettre) à ordonner que les troupes se ralliassent à *Gros-Pasto*, et que la position de l'Hermette ne fût tenue que par des postes. C'est ainsi que

---

(58) Le peu de troupes dont on pouvait disposer pour conduire les prisonniers, fit qu'un grand nombre d'entr'eux s'échappa, et retourna à l'ennemi.

(59) La poursuite de l'ennemi s'était faite à la lueur seule de la mousquetterie.

cette journée ss termina pour les troupes du général Soult (60).

Mais pendant que la victoire couronnait ainsi sur notre droite les efforts des braves que commandait d'une manière si brillante le général Soult, l'ennemi qui avait vu partir toute la colonne conduite par le général Fressinet, pressentit la faiblesse du corps qui restait à la gauche, et résolut d'en profiter.

Vers une heure après midi, il attaqua la 97ᵉ qui, sous les ordres de son chef, tenait la position en avant de Cogoletto, sur la rive droite du torrent, et qui, en cas de retraite, avait ordre de se retirer sur la position qui se trouve à la gauche du même torrent, et où l'adjudant-général Gauthier, qui arrivait de la colonne du général Soult, était en réserve avec le bataillon de grenadiers.

Pressée par des forces supérieures, on doit des éloges à la résistance que la 97ᵉ opposa aux premières attaques de l'ennemi ; mais une

---

(60) Si ces dernières durent en partie la victoire au renfort que le général Fressinet leur amena si à-propos, il est bien évident aussi que l'ennemi ne dut la conservation d'une partie des troupes qui défendirent la Verreria et l'Hermette, qu'à l'impossibilité où fut le Général en chef d'exécuter son mouvement au moment où il le conçut, ou seulement au moment où il l'avait ordonné.

fois chassée de sa position , sa retraite fut une
véritable déroute. Tous les efforts pour la rallier ou lui faire monter la côte où était la réserve furent inutiles ; et dans le plus grand
désordre, elle se jeta toute entière sur les bords
de la mer , où elle fut vivement canonnée
par six chaloupes ennemies (qui suivaient tous
nos mouvemens), et bientôt chargée par la
cavalerie.

Quant au général en chef, lorsqu'il vit que
dans un pays de montagnes , quarante-cinq
hommes des hussards de Zeckler chargeaient
impunément une demi-brigade toute entière,
et que déjà ils étaient maîtres de Cogoletto,
il se mit avec le général Oudinot à la tête d'une
trentaine d'officiers , et de guides qu'il avait
avec lui, les chargea, et les rejeta au-delà du
torrent ; là , soutenus par leur infanterie , ils
se rallièrent ; peu d'instans après ils revinrent
à la charge , et furent une seconde fois re-
poussés (61).

____

(61) Ils eurent un hussard tué, deux pris, trois
ou quatre blessés , dans ces deux charges qui nous
coûtèrent trois blessés , dans le nombre desquels se
trouva le citoyen Hatry , officier adjoint à l'Etat-
major-général, et qui , par la chute de son cheval,
fut pris après avoir reçu cinq coups de sabre. Nous perdîmes aussi dans cette charge le vaguemestre-général.

Dans le nombre des officiers qui dans cette charge se disputèrent l'honneur de donner les premiers coups, l'on doit à la justice de nommer le citoyen Sibnet, aide-de-camp du général en chef.

La 97ᵉ ne put être un peu reformée qu'à Voltry. L'adjudant-général Gauthier, au milieu de tous ces événemens, garda la position de Cogoletto, et n'en partit avec ses grenadiers qu'à onze heures du soir.

On voit par le tableau des événemens de cette journée, que le but du général en chef fut cependant entièrement rempli, puisque la diversion qu'il parvint à opérer par l'effet de sa présence, assura les avantages si importans du général Soult, qui avait en effet non-seulement les quatre cinquièmes, mais encore l'élite des troupes, et tous les généraux.

22 Germinal.

Nous trouvons ici une nouvelle preuve de ce que nous avons déjà dit sur les dangers que la difficulté des communications apporte à la guerre des montagnes. En effet, le général en chef, qui ignorait ce qui s'était passé aux divisions de droite, avait vainement envoyé au général Soult cinq officiers pour le prévenir de son mouvement rétrograde (62). Aucun n'était arrivé ; et tandis que la colonne de gauche se repliait sur Gênes, celle de droite marchait sur Monte-Notte.

Le général en chef, n'ayant point de nouvelles du général Soult, jugea par son silence qu'il n'avait reçu aucune de ses dépêches, et résolut alors de reprendre l'offensive pour seconder ses opérations, s'il avait des succès, ou faciliter sa retraite s'il avait des revers.

La conduite de la 97ᵉ à l'affaire de Cogoletto, lui valut l'ordre de se rendre à Gênes pour y tenir garnison.

Les troupes dont le général en chef fit choix pour cette seconde expédition, furent le bataillon des 73ᵉ, et 106ᵉ de ligne, formant deux mille deux cents hommes. Le rassemblement s'en fit à Sestri-du-Ponent, vers midi ; elles marchaient sous les ordres des adjudans-généraux Thiébaut, et Gauthier, pour reprendre Voltry, qu'on disait occupé par cinq mille

---

(62) Dans le nombre de ces officiers, était le capitaine Datte, adjoint à l'adjudant - général Saquelew. Il connaissait l'importance de sa mission ; et incapable de ne pas tout tenter pour la remplir, il fut pris en passant entre quelques postes ennemis. L'armée perdit momentanément en lui un très-bon officier.

4

Autrichiens. Ce bruit n'était pas fondé. L'ennemi, tout en y ordonnant sept mille rations de vivres, n'y avait envoyé que quelques hussards. Mais ce qu'il y eut de fort heureux dans l'arrivée de cette colonne, c'est que les trois mille prisonniers faits dans les journées précédentes par le général Soult, passant à Voltry, et voyant cette place évacuée par nous, n'ayant qu'une foible escorte encore fort mal conduite, et se trouvant à portée des avant-postes de leur armée, encouragés d'ailleurs par le mauvais esprit des habitans de Voltry, et de plus excités par la faim, se disposaient à la rébellion, et allaient changer leur escorte en prisonniers, si la vue de l'avant-garde de la colonne, et de ses chefs (qui accoururent au bruit de ce danger), n'avait pas fait rentrer tout dans l'ordre.

Pendant ces différens mouvemens, le général Soult qui avait résolu de chasser l'ennemi des positions qu'il tenait entre l'Hermette et Arpazella, en ordonna l'attaque le 22 au matin (63). Le général Fressinet, ayant sous

____

(6³) Le général Soult reconnaissant, avec l'adjudant-général Gauthrin, les positions de l'ennemi, lui demande comment il les attaquerait, s'il était chargé de le faire. Ce dernier, ayant développé ses idées

ses ordres toute sa brigade, fût chargé de l'attaque de gauche, et le général Poinsot, commandant la 25ᵉ légère, et les grenadiers de la
2ᵉ de ligne, de l'attaque de droite. Les 92ᵉ,
et 78ᵉ furent placées dans le centre ; la 3ᵉ
de ligne fut placée en réserve sur l'Hermette.

Les munitions commençaient à manquer ;
cette circonstance eût été embarrassante pour
beaucoup de chefs ; elle ne le fut pas pour le
général Soult, qui suppléa à ce manque, par
l'ordre d'enlever cette position au pas de
charge et à la baïonnette, et par la défense
faite, sous peine de mort, de tirer un coup de
fusil. Ces dispositions furent scrupuleusement
suivies. Presque toutes les troupes furent,
pour l'attaque, formées par sections en colonnes. La charge fut battue, et la position de
l'ennemi emportée. Nous fîmes dans cette affaire, très-meurtrière pour lui, deux cents
prisonniers, dans le nombre desquels se trouva
le colonel du régiment de Keith (64). Le chef

à cet égard, le général Soult, lui dit : — *Allez,
et donnez en mon nom ces ordres aux généraux
Fressinet et Poinsot.*

(64) Le général Poinsot, en faisant ce Colonel
prisonnier, eut le fourreau de son sabre coupé par
deux balles.

de brigade Cassagne, qui faisait alors fonction de général de brigade, justifia dans cette occasion l'opinion que l'armée avait de ses talens, et de sa valeur.

Chassé de sa première position, l'ennemi se rassembla sur les hauteurs auxquelles elle était appuyée ; ce qui détermina le général Soult à l'y faire attaquer par les généraux Gazan, et Poinsot ; mais l'ennemi avait sur ce point des retranchemens qui ne permirent pas de l'y forcer, et devant lesquels les 62e, 63e, 78e, et 92e firent quelque perte.

La division prit en conséquence position sur la hauteur qu'elle avait conquise dans la matinée.

23 Germinal.

Les troupes aux ordres du général Soult ne firent aucun mouvement : la nature des nouvelles positions de l'ennemi, la fatigue, la faim, et le manque de munitions, furent les motifs de cette halte (65) ; que dans tous

---

(65) Le peu de ressources que notre manque d'argent nous laissait, se faisait principalement sentir dans le manque total de nos transports. A défaut de mulets, on fit porter à des hommes le peu de pain que l'on put envoyer aux troupes du général Soult.

les cas, les nuages extrêmement épais, qui, pendant une grande partie de la matinée, enveloppèrent toute cette montagne, auraient nécessitée

24 *Germinal.*

Le 24, l'ennemi évacua ses positions, se retira derrière la Stella sur les hauteurs de *Monte-Notte*, et de Monte-Negnio, prit la position du Résio, appuyant sa droite à Albissola. Il renforça en même tems ses camps de la Moglia, de la Galera, et de Santa-Justina.

Le général Soult suivit ce mouvement, et voulut en profiter pour enlever le camp de Santa-Justina; mais ce fut vainement qu'il le fit attaquer par les 25e légère, et 5e de ligne, commandées par le général Poinsot. Ce camp était retranché; et cet obstacle, qui n'avait pas été prévu, rendit dans cette entreprise l'effort de nos troupes inutile.

De son côté, le général en chef partit de Gênes le 25 au matin, arriva vers neuf heures à Voltry; les troupes qui y étaient se portèrent jusqu'à Varraggio, sans qu'il s'engageât d'affaires, l'ennemi ayant de même abandonné toute la marine pour se rassembler sur les hauteurs de Savonne.

Le lendemain, le général en chef prit potition en arrière d'Albissola, ayant son quartier-général à Celle (66).

Cette journée du 24 se passa en reconnoissances de part et d'autre.

Le soir, le général fit partir un bateau chargé de grains pour Savonne; mais les corsaires l'empêchèrent d'arriver, et le forcèrent de rétrograder à Celle.

25 *Germinal.*

De très-grand matin, l'ennemi détache une forte colonne des hauteurs de Savonne. Cette colonne qui paraissait dirigée sur Stella, appuie sur sa gauche, lorsqu'elle est arrivée à la hauteur de ce village : peu après elle quitte les crêtes et disparaît dans les gorges des montagnes.

Le général Massena, dans la vue d'empêcher que cette colonne n'achevât son mouvement contre le général Soult, ou du moins qu'il ne s'en détachât d'autres, desirant d'ailleurs connaître les forces que l'ennemi conservait devant lui, et ses moyens de défense,

------

(66) Toute cette marche se fit sous le feu de la flotte anglaise, qui nous tua plusieurs hommes, et nous força de quitter le chemin de la marine, et de marcher à travers les montagnes.

le fait attaquer après quelques reconnaissances faites dans les mêmes vues.

En ordonnant ce mouvement, l'intention du général en chef était bien de profiter du succès, si la chance des combats lui avait décidément été favorable ; mais il ne voulait pas compromettre le peu de troupes dont il pouvait disposer : c'est d'après cela, qu'en leur recommandant de ne rien aventurer, il chargea le général de division Oudinot, chef de l'état-major-général, de marcher avec la 75e sur le couvent des Missionnaires, situé sur les hauteurs qui séparent Albissola de Savonne, et l'adjudant-général Gauthier d'attaquer, avec le bataillon de grenadiers, les montagnes qui flanquent la gauche de cette position. Le général en chef ne conserva avec lui de cette manière, que la 106e qui forma sa réserve, en même tems qu'elle était placée de manière à mettre sa droite à l'abri de toute insulte.

L'ennemi avait dans cette partie un de ses meilleurs régimens d'infanterie, et cinq bataillons de grenadiers ; aussi sa défense, digne de ces troupes d'élite, fut-elle très-opiniâtre : il se trouva cependant forcé un moment, et par le général Oudinot, et par l'adjudant-général Gauthier, chacun sur des points différens ; mais soutenu sur toute sa ligne par des troupes en échelons, et à des distances très-rapprochées, il reprit vivement le terrein qu'il avait perdu, et poursuivit de même les grenadiers qui, en gravissant cette montagne, et par la nature du terrein, s'étaient éparpillés, et n'étaient plus en mesure de se rallier. Aussi - tôt que le général en chef s'apperçut que ces troupes battaient en retraite, il s'avança à la tête d'un des bataillons de la 106e, arrêta l'ennemi au moment où ce dernier voulut traverser le torrent d'Albissola ; facilita de cette manière la retraite des grenadiers, qui de suite se reformèrent, et rejeta l'ennemi sur la montagne.

Le combat dura près de trois heures : il fut suivi par un tiraillement qui ne finit qu'avec le jour, et chacun reprit sa position primitive, après avoir fait de part et d'autre quelques pertes en blessés, morts, et prisonniers (67). L'adjudant général Gauthier eut un cheval tué sous lui dans cette affaire. La nuit venue, et sur l'avis que l'ennemi filait sur notre droite,

---

(67) La fortune du général Massena se prononça en ce moment : s'il eût battu l'ennemi, et l'eût poursuivi, ou si seulement il fût resté le 26 dans ses positions, il était perdu par l'effet du mouvement de l'ennemi, et de celui du général Soult.

le général en chef se rendit à Varraggio, et fit prendre à l'adjudant-général Gauthier, qui commandait alors la totalité de ses troupes, la position en avant du villlage.

C'est de là que le général en chef, inquiet de ne point avoir de nouvelles du général Suchet, et desirant sur-tout hâter les attaques qu'il lui avait ordonnées, fit partir à cet effet le général Oudinot (68) : conduit par le brave Bravastro, capitaine de corsaire, ce général arriva à Finale après peu d'heures de navigation (69).

Dans cette journée, la victoire ne couronna nulle part nos efforts ; car pendant que la colonne conduite par le général en chef, avait fait sur Savonne un inutile effort, les troupes du général Soult cédaient de même à une supériorité trop disproportionnée. Différens motifs qui résultaient de sa position,

____

(68) L'un des militaires les plus distingués par les qualités qui caractérisent l'homme de guerre, les talens qui les perfectionnent, cette délicatesse qui les annoblit, ces formes heureuses qui concilient toutes les affections.

(69) Le général de brigade Franceschy, sous-chef de l'Etat-major-général, étant absent, l'adjudant-général Andrieux remplissant ces dernières fonctions, fut appelé à celle de chef de l'Etat-major-général, par le départ du général Oudinot.

et des mouvemens de l'ennemi , avaient déterminé ce général à risquer une affaire. D'un côté , ses troupes manquaient de pain depuis deux jours , et touchaient à la fin de leurs munitions; et d'un autre côté , l'ennemi se retranchait à la Moglia , et s'était emparé de Sassello, d'où il menaçait les derrières du général Soult. Pour prévenir ses desseins que ce mouvement découvrait , il fallait combatre, et ce parti , dicté par la nécessité , fut pris.

Le général Gazan reçut l'ordre de reprendre d'abord Sassello : cette opération n'était que préparatoire ; elle conduisait à une autre plus décisive , dont le but était d'emporter les camps de l'ennemi dans cette partie ; mais que faute de cartouches nécessaires pour soutenir un long combat , le lieutenant-général Soult avait renvoyée à quatre heures du soir (70).

____

(70) Les attaques du soir sont extrêmement militaires, lorsqu'on n'est pas en mesure d'obtenir des succès décisifs. Par l'effet du caractère national, nous préférons souvent celles du point du jour , parce qu'elles offrent de plus grandes chances à la valeur et à la fortune : les Autrichiens , plus méthodiques, attaquent à neuf ou dix heures du matin ; cette manière donne à leurs troupes le tems de faire leur repos avant de combattre , et les met d'autant plus à même de calculer les événemens de la journée, qu'elle est moins longue.

Le

Le général Gazan fit son expédition de Sas=
sello avec autant de célérité que de succès.
D'après les dispositions arrêtées pour l'attaque
générale, il fut chargé de celle du centre, ayant
sous ses ordres la 3e de ligne , et les grenadiers de la deuxième, et reçut pour instructions particulières, de tâcher de gagner et de
suivre constamment la crête des montagnes :
le général Poinsot, avec les 3e et 25e légères,
forma l'attaque de la droite de l'ennemi sur la
Galera, tandis que le général Fressinet commandant la 78e, et ayant en réserve la 92e,
attaqua la gauche dans l'intention de la rejeter
sur le centre , afin de s'y réunir au général
Gazan. Le but de cette affaire était d'enlever
à l'ennemi ses positions, sans lesquelles il ne
pouvait ni conserver Savonne , ni empêcher
la jonction des troupes du général Suchet.

On eut dans cette occasion la mesure de ce
que peuvent des troupes françaises sans repos,
sans pain , et presque sans cartouches ; les
soldats marchèrent à l'ennemi avec un courage héroïque. Tout ce que peuvent l'honneur et l'intrépidité, fut déployé dans cette
action extrêmement meurtrière. Deux fois, dix
mille Autrichiens retranchés jusqu'aux dents,
et ayant une nombreuse artillerie, cédèrent à
la valeur d'une poignée de braves , qui deux

fois parvinrent sur la crête des hauteurs de Ponte-Ivrea, et qui auraient fini par s'y établir, si M. de Mélas, avec une réserve de cinq mille combattans (71), ne fût arrivé vers la fin de la journée, et n'eût ranimé ses troupes par sa présence, et par ce renfort. Cette circonstance nous enleva une victoire qui fut long-tems balancée par les efforts surnaturels que firent nos troupes, et qui illustrèrent cette journée. La nuit mit fin à ce combat terrible, après lequel chacun reprit les positions qu'il avait avant l'attaque.

L'ennemi perdit infiniment (le feu de bas en haut étant le plus meurtrier) : plusieurs de ses corps furent à moitié détruits ; le régiment de Colloredo seul eut plus de quatre cents blessés.

Le général Fressinet fut bléssé au commencement de cette affaire d'un coup de feu à la cuisse gauche, et ne quitta cependant le champ de bataille que, lorsqu'une demi-heure après, il reçut une seconde blessure à la tête : son départ, et le nombre considérable de nos tués et blessés, mirent du désordre dans cette colonne ; elle était même entièrement en retraite

---

(71) Les mêmes qui le matin étaient partis de Savonne.

lorsque l'adjudant-général Gauthrin en prit le commandement. Il la rallia, et ayant reçu pour renfort la 62e, qui jusque-là était restée en réserve, il reprit l'offensive, et avec elle les positions qui venaient d'être abandonnées.

Le lieutenant-général fit dans son rapport une mention très-honorable de la conduite de l'adjudant-général Gauthrin dans cette occasion très-importante, puisque par le mouvement qu'il empêcha l'ennemi d'exécuter, ce dernier prenait à revers tout notre centre.

Toutes les troupes se battirent avec un courage extraordinaire; mais on ne peut rien dire qui donne une idée de ce que firent dans cette journée, les 25e légère, 5e, et 62e de ligne, ainsi que les grenadiers de la seconde demi-brigade de bataille.

26 et 27 Germinal.

L'espèce de guerre que fait une armée, résultant nécessairement de sa situation, et de sa force, il était tout naturel que M. de Mélas, et le général Massena, suivissent une tactique tout-à-fait différente. Toujours aux prises avec un ennemi infiniment plus nombreux que lui, le but du général en chef avait toujours été de le diviser, en marchant sur deux colonnes: l'une faible, manoeuvrait autant que cela lui était possible, tâchait d'occuper l'ennemi, et ne l'attaquait, ou ne recevait le combat que quand il n'y avait pas d'autre moyen de le tenir en présence, comme à Albissola ; ou aucun moyen de l'éviter, comme à Cogoletto ; l'autre tâchait de soutenir l'offensive, en réunissant la presque totalité de ses troupes sur les différentes divisions de l'ennemi, et de battre ainsi les corps successivement, comme on le voit à Macarolo, Sasselo, la Verreria, etc. L'ennemi, au contraire, pouvant se diviser sans trop s'affaiblir, cherchait toujours à nous envelopper, et ne nous faisait face sans nous charger, que pendant que des colonnes détachées nous tournoient de tous côtés. Dans le commencement des affaires, l'impétuosité de quelques-uns de nos corps, cette valeur qui fait par fois disparaître l'avantage du nombre, avait fait tourner cette dernière manœuvre à notre avantage : mais, obligé d'employer toujours les mêmes corps, il était inévitable que des efforts si souvent répétés finissent par les épuiser.

L'ennemi perdait sans doute quatre ou cinq fois plus de monde que nous ; mais, avec cette différence qu'il était en mesure de réparer ses pertes, et que les nôtres étaient d'autant plus irérparables, que nos avantages étant le prix du dévouement le plus entier, les journées de gloire se payaient du sang des plus braves, de sorte que, tout en battant l'ennemi, nous nous affaiblissions par nos victoires, tandis qu'il se fortifiait par ses défaites.

L'attaque des positions de l'ennemi à Albissola, la Galera, et Santa-Justina, n'ayant pas réussi, il ne restait qu'à se retirer. A quoi pouvait servir de s'arrêter plus long-tems dans d'affreuses montagnes, où les troupes étaient en proie aux privations de toute espèce, et où il n'y avait plus que des dangers pour elles. Indépendamment de ces considérations générales, il ne restait pas au général Soult trois cartouches par homme ; il n'existait pas même une once de pain dans toute sa division. Les horreurs de la faim étaient telles, qu'elles pouvaient porter à tous les excès. Une situation semblable ne pouvait pas laisser de doute sur le parti qu'il y avait à prendre ; aussi le 26, à une heure du matin, les troupes reçurent-elles l'ordre de se porter à Sasselo, où le lieutenant-général, dans la vue, soit d'arrêter l'ennemi en l'occupant, soit de le diviser, et de se procurer par-là les moyens de donner un peu de repos à ses corps, prit une position telle, qu'il annonçait une marche vers Cairo ou Dego.

L'ennemi ne prit cependant pas le change sur les intentions du général Soult, et ne tarda pas à attaquer son arrière-garde, composée de la 92e de ligne, afin de ralentir sa marche, pendant que, fidèle à son systême, une de ses colonnes se portait sur l'Hermette pour couper sa retraite. Le général Soult, pénétrant les vues de l'ennemi, pressa sa marche pour arriver rapidement à Gros-Pasto.

Il n'y était pourtant pas encore en position, et son arrière-garde se battait encore à la Verreria, que M. le général de Bellegarde qui, depuis la première affaire de la Verreria, avait succédé sur ce point au général Saint-Julien, et qui comptait sur l'effet d'une colonne qu'il faisait filer sur les flancs du général Soult par les déserts de Varraggio, envoya son chef d'état-major à ce général pour le sommer de se rendre, lui observant qu'étant cerné par des forces infiniment supérieures, toute défense devenait d'autant plus inutile, qu'il n'avait, *à la connaissance de tout le monde*, ni vivres, ni cartouches......*Avec des baïonnettes et des hommes qui savent s'en servir, on ne manque de rien*, répondit le général Soult ; *et s'il était moins tard*, ajouta-t-il, *votre géneral, Monsieur, se repentirait de cette démarche.* Il ne pouvait cependant se dissimuler combien sa position était critique ; mais cette fermeté en imposa à l'ennemi, et sa présence d'esprit acheva de le sauver. A la droite de l'Hermette, il y a une position, d'où l'ennemi pouvait ôter tout moyen de jonction entre les colonnes conduites par le général en chef, et le général Soult.

M. de Bellegarde, que la supériorité de ses forces rendit trop confiant dans cette occasion, négligea de s'en emparer. Quant au général Soult, il profita d'un brouillard très-épais pour s'y porter avec la plus grande partie de son monde ; et quand ce brouillard fut dissipé, l'ennemi nous vit sur deux lignes, débordant son flanc droit, et placés de manière à couvrir Voltry. Il n'était que six heures du soir, les troupes à petite portée de fusil : le combat paraissait inévitable. Ces dispositions en imposèrent néanmoins à l'ennemi. L'affaire ne fut point engagée, et, dans une immobilité parfaite, l'on demeura en présence jusqu'à dix heures du soir. Le général Soult alors, malgré l'excessive fatigue des soldats, absolument affamés, ordonna au général Gazan, de mettre, à trois heures du matin, 27 germinal, ses colonnes en mouvement, et de les diriger sur Voltry, en passant par Arenzano.

4

Elles arrivèrent à Lerca, et à Arenzano, en même tems que les troupes de la division de gauche, avec laquelle se trouvait le général en chef, et qui, parties de Cogoletto, effectuaient de même leur retraite sur Voltry, où les deux divisions prirent position le soir, et où toutes les troupes qui les composaient, furent réunies sous les ordres du général Soult, et reçurent des vivres et des munitions (72).

Pour le général en chef, il se rendit à Gênes, où d'autres soins l'appelaient. (73).

***

(72) Tous les militaires éclairés, qui ont suivi le lieutenant-général Soult dans cette expédition, sont convenus qu'il y a développé les talens les plus distingués. Une circonstance qui a été principalement remarquée et admirée, c'est que tous les corps ont donné à leur tour ; tous ont eu occasion de se faire connaître : aucun d'eux n'a été plus exposé ou plus employé que les autres ; cette attention lui a fait le plus grand honneur dans l'opinion générale.

(73) Ces soins consistaient à découvrir des moyens de subsistances, à se procurer quelques fonds, et à fermer le port de Gênes aux espions de l'ennemi. Pour parvenir à ce dernier but, il donna au cit. Sibille, commandant les forces navales de l'armée, le commandement du port. A force de rechercher, on découvrit un peu de grains, pour le moment du moins. Le besoin, et le défaut total d'argent, for-

28, 29 et 30 *Germinal.*

Voltry ne nous présentant aucune position susceptible d'une défense avantageuse, du moment que l'ennemi était maître de la Madona di Sestri, et de Rivarolo, il n'est pas douteux que, sous les rapports militaires, il n'eût été préférable de continuer, dès le matin du 28, la retraite des deux divisions sur Gênes, afin de ne pas risquer d'être coupé par Sestri ou Cornegliano. Mais il existait un peu de grain à Voltry ; les distributions de la journée ne pouvaient être faites que le soir, et notre misère était telle, que les moindres quantités

---

cèrent cependant le Général en chef à recourir à de nouvelles extrémités.

De ce nombre étaient par forme d'emprunt,

1°. L'enlèvement de tout l'argent qui se trouva à la poste aux lettres.

2°. La prise de ce qui existait dans la caisse des Idilles, et celle du commerce.

3°. La mise en réquisition des marchandises de Porto - Franco. Tout cela ne rendit guères que 100,000 francs ; mais quelque disproportion qu'il y eût entre cette somme, et la masse des besoins, elle était cependant d'autant plus précieuse dans ces momens de détresse, qu'elle mettait à même de ne pas ouvrir de nouveaux emprunts sur les citoyens.

étaient précieuses pour nous. Il fut donc arrêté que, le 28, les deux divisions seraient nourries à Voltry, et que cette journée serait employée à évacuer sur Gênes tout ce qui se trouverait de vivres.

Tel fut du moins le motif ostensible de cette halte, motif qui cependant n'était que secondaire pour le général en chef. La raison secrète était de retenir, pendant cette journée, l'ennemi devant Voltry; d'embarquer le soir toutes les troupes; de les transporter pendant la nuit dans le Levant; de les y débarquer à la faveur d'une attaque brusque et inattendue que le général de division Miolis devait y faire, et de se porter jusqu'à Porto-Fino, afin d'y enlever un convoi de grains qui venait d'y arriver.

Cette expédition conçue et ordonnée, lorsque le général Massena ne paraissait songer qu'à assurer sa retraite, et le secret profond dont elle fut couverte, eussent assuré sa réussite entière, si l'ennemi, par ses forces énormes, et toujours disproportionnées, n'eût pas été à même d'être par-tout assez fort pour agir contre nous. N'ayant jamais besoin de perdre une heure pour se rassembler (les divisions équivalant à nos masses), et toujours intéressé à combattre lorsqu'il ne pouvait pas nous envelopper, il était naturel que la moindre halte nous obligeât à une marche forcée, ou à une bataille.

M. de Mélas, qui ne pouvait perdre de vue ce double avantage que sa position militaire lui donnait constamment sur nous, résolut de profiter du séjour que nos troupes faisaient à Voltry, pour empêcher leur rentrée à Gênes; et en conséquence, dans la matinée du 28, il partagea en deux corps toutes celles qui se trouvèrent à sa portée. Son corps de droite, composé de trois régimens, devoit, sous les ordres de M. de Bellegarde, attaquer notre centre, et occuper nos troupes en avant de Voltry. Son corps de gauche, composé de six régimens, et conduit par lui-même, devait se rendre à Sestri, forcer notre droite, et prendre de-là, par leurs revers, toutes les positions occupées par nos troupes (74).

Ce plan fut suivi à la lettre par l'ennemi: mais l'attaque de notre centre se fit avec trop de vigueur, le mouvement de M. de Mélas avec trop de lenteur; de sorte qu'au moment de leur retraite, qui se fit sous les ordres du général Gazan, nos troupes ne trouvèrent point

----

(74) Vers midi, ce mouvement avait été annoncé par un déserteur autrichien.

encore l'ennemi à Sestri. Pendant ce mouvement rétrogade, elles soutinrent à Voltry, et en avant de cette position, de terribles combats : l'extrême valeur de la 106e, et sur-tout celle de ses trois compagnies de grenadiers, qui forcèrent le passage du premier pont de Voltry, déjà occupé par l'ennemi, et protégèrent jusqu'au dernier homme, la retraite de la brigade de gauche, aux ordres de l'adjudant-général Gauthier, vainquit tous les obstacles. Nous eûmes dans ces différens combats, des compagnies à moitié détruites. Le soir, nos divisions prirent position à la hauteur de Saint André, et conservèrent même Sestri toute la nuit (75).

Le citoyen Sibille, commandant des forces maritimes de l'armée, et qui, dans le moment où cette affaire s'engagea, exécutait avec sa flotille son mouvement sur Voltry, rentra dans Gênes.

Le lendemain 29, les troupes passèrent la Polcevera, après avoir employé la nuit à se rassembler.

---

(75) Dans une charge que quatre compagnies de la 106e firent dans Voltry, le chef de bataillon Denchem, renouvela ses preuves d'une très-grande valeur.

Pendant cette série d'opérations de guerre, les troupes, restées aux ordres du général Miolis, avaient soutenu presque journellement des combats, qui, par leurs résultats, nous furent tous favorables. Ceux qui peuvent être cités, sont ceux des 19, 24, et 27 germinal.

Le premier, sur les hauteurs de Torriglia, où l'adjudant général Hector, attaqué par une forte colonne ennemie, parvint, en l'enveloppant, à la battre, et à lui faire près de trois cents prisonniers.

Le second, en avant de Saint-Martin d'Albaro, et dans lequel, puissamment secondé par le chef de brigade Brun, commandant la 8ᵉ légère, le général Darnaud fit plus de cent prisonniers à l'ennemi, après l'avoir complétement battu ; et le troisième sur notre ligne, entre les forts du Diamant et de Richelieu, que l'ennemi attaqua trois fois, et où trois fois il fut, malgré sa supériorité, repoussé par l'adjudant-général Ottavi (76), qui, en le

(76) Dans le rapport de ses opérations, le général Miolis, en rendant compte de ses différentes affaires, depuis le 15 au 30, donne les plus grands éloges aux généraux Darnaud, et Petitot, et à l'adjudant-général Ottavi ; il en donne de même au chef de brigade Brun, au chef de bataillon Dupellier, de la 106ᵉ, au chef d'escadron la Villette, au chef de ba-

poursuivant, parvint à lui enlever la position de Monte-Croce, où il lui prit plus de cinquante hommes.

Quant au général Miolis, occupé à tout activer par sa présence, et par l'effet de ses mesures, il employa le tems de l'absence du général en chef à approvisionner les forts qui avaient été jugés les plus nécessaires à la défense des approches de Gênes, et à les faire mettre dans le meilleur état.

Dans cette circonstance importante, l'adjudant-général Dégiovani justifia entièrement la confiance à laquelle il devait le commandement de Gênes.

Le même jour 29, le général Miolis reçut ordre de serrer encore sa ligne, de se concentrer derrière la Sturla, et de lier sa défense avec le fort de l'Eperon, en gardant seulement le Monte-Venti, et en ne couvrant le fort de Richelieu que par des postes.

Dans cette situation, la droite composée de la huitième légère, fut commandée par le général Darnaud; et sa gauche, composée des

---

taillon Lacroix, au capitaine du génie Delmas, à son aide-de-camp, le capitaine Bernard, au citoyen Menard, sous-lieutenant à la 106ᵉ, et aux citoyens Dazzier, et Migy, sergens à la 24ᵉ.

24e, et 78e de ligne, par le général Poinsot.
Le même jour, le chef d'escadron Donnadieu
prit, d'après les ordres du général en chef,
le commandement du fort de Richelieu, que
la 65e de ligne fut chargée de défendre.

Le 30, tous les ouvrages de la place, et
toutes les positions environnantes, furent vi-
sités par le général en chef, accompagné à
cet effet du général Lamartillière, commandant en chef l'artillerie (77), et du chef de
brigade Marès, commandant le génie. Toutes
les réparations nécessaires aux forts furent
ordonnées; les changemens à opérer dans le
placement des pièces le furent de même : un
système général de défense fut arrêté; et le
corps d'armée de droite reçut une organisa-
tion nouvelle.

---

(77) Toute l'armée a remarqué avec quel zèle,
quelle activité, et quel dévouement vraiment respectable, le général la Martillière, malgré son âge, a
suffi, pendant ce long et pénible blocus, à tous les
détails de son commandement. Il avait, à la vérité,
le bonheur d'être secondé par le général de division
Sugni; mais cette circonstance même ne l'empêcha
pas de se porter en tout tems, et de nuit comme de
jour, par-tout où sa présence pouvait être utile,
dans les attaques générales, où pendant les heures
du bombardement, il se tenait aux batteries du
Levant, et le général Sugni à celle du Ponent.

D'après cette refonte, il ne forma plus que deux divisisions et une réserve, la première aux ordres du général Miolis; la seconde, aux ordres du général Gazan, et la réserve, aux ordres du général Poinsot.

La division du général Miolis, composée des 3ᵉ, et 8ᵉ légères, des 21ᵉ, 62ᵉ, 63ᵉ, 74ᵉ, 78ᵉ de ligne, était forte de quatre mille cinq cents combattans, et occupa tout le Levant depuis la mer, jusqu'à la position des deux Frères.

La division Gazan, composée des 5ᵉ, et 25ᵉ légères, des 41ᵉ, 55ᵉ, 92ᵉ, 97ᵉ, et 106ᵉ de ligne, était forte de trois mille cinq cents hommes, et occupa tout le Ponent.

La réserve, composée des 2ᵉ, et 3ᵉ de ligne, forte de seize cents hommes, fut placée à Gênes (78).

Premier et 2 floréal.

Quelque brillante qu'ait été l'offensive, que pendant quinze jours le général Massena avait soutenu, elle n'avait pu cependant lui laisser de doute sur la certitude qu'abandonné à ses propres forces, il n'avait, avec des troupes

---

(78) On voit, par la force de ces trois corps, qu'en quinze jours de combat, l'armée avait perdu plus d'un tiers des braves qui la composaient.

qui,

qui, à raison de leur état, venaient de faire les plus grands efforts, rien à espérer par la force des armes, contre un ennemi qui, outre d'autres avantages incalculables, était cinq fois plus nombreux que lui (79). Il s'attacha donc à se fortifier dans ses positions, à découvrir quelques moyens de subsistance, et à établir la plus grande économie possible dans l'emploi de ceux existans. Pour le premier de ces objets, il appela toute la garde nationale au maintien du bon ordre, et à la défense de la ville ; chaque canonier bourgeois eut sa place marquée dans une des batteries ; chaque bataillon son service réglé, et ses places d'alarme déterminées : il fit de plus former en légion, un grand nombre de réfugiés italiens qui étaient à Gênes, et auxquels se joignirent volontairement quelques centaines de Polonais qui se trouvèrent parmi les prisonniers faits à l'ennemi.

Le commandement de cette légion, que l'adjudant-général Gauthier avait organisée, fut confié au chef de bataillon Rossignol.

Ces mesures le mirent à même d'avoir pres-

____

(79) Un Major autrichien, pris dans les premières affaires, nous dit. . . . *Si nous n'étions que deux fois plus nombreux que vous, nous serions perdus ; mais notre masse vous écrasera.*

I

que toutes ses forces disponibles contre l'armée autrichienne.

Pour le second objet il écrivit en Corse, il écrivit au général Suchet, il écrivit à Marseille.

Pour le troisième, il établit une surveillance très-sévère sur la manutention du pain, et sur les distributions.

Deux jours se passèrent ainsi sans événemens remarquables sous les rapports de la guerre; mais ils n'en furent pas moins activement employés par le général en chef. Une des opérations essentielles de ces journées, fut de centraliser le gouvernement, afin d'accélérer encore la marche des affaires, et d'assurer la prompte exécution de toutes les mesures arrêtées. A cet effet le général en chef fit nommer, dans le sein même du Gouvernement, une députation, ou commission spéciale, qui siégea chez lui, et qu'il présidait lui-même; mais comme il sentit qu'il fallait toujours laisser aux Liguriens l'exercice du pouvoir, et ne pas leur enlever l'autorité nationale, le Gouvernement resta chargé de la sanction des arrêtés pris par sa commission.

C'est à ce moment que le général Massena commença à recueillir une partie du fruit de toute sa conduite politique, militaire, et administrative, depuis son arrivée à Gênes. La

manière dont chacune de ses actions avaient
été caractérisées, ce qu'il avait fait, et, autant
que tout cela, ce qu'il avait cherché à faire;
l'expédition éternellement glorieuse qu'il ter-
minait, tout en un mot l'avait tellement entou-
ré de l'estime et de l'admiration générale, qu'il
se trouvait, par l'effet de l'opinion, une force
morale qui le mettait en état d'exécuter, pour
le salut de Gênes et de l'armée, ce qui était
humainement possible. Aussi son influence,
pendant les soixante jours du blocus, fut telle,
qu'elle suppléa à tout, et s'étendit à tout. Elle
valut à l'armée une force double de celle qui
résultait du nombre de ses soldats; elle fit découvrir ou livrer tout ce qui existait en comes-
tibles; elle donna, à une population aussi nombreuse, une patience qui n'a jamais eu d'exemple; et elle fit supporter aux troupes les fatigues, la mauvaise nourriture, et la misère.

L'on peut dire de lui qu'il se multiplia, et
qu'il multiplia tout autour de lui; et que, dans
le nombre des problêmes que ce blocus laisse
à résoudre, on remarquera sur-tout celui de
savoir comment, dans un pays où avant le
blocus il n'y avait pas de vivres pour trois jours,
il en trouva ensuite, et pendant le blocus le
plus rigoureux, pour soixante, de même qu'il
retrouva des guerriers, et des héros dans des

soldats qui semblaient ne plus pouvoir supporter une marche.

L'homme ordinaire admirera ces résultats
sans les comprendre ; l'homme borné voudra
douter de ce qu'il ne pourra concevoir ; et
l'homme pensant et judicieux reconnaîtra
dans ces faits, les effets sublimes des grandes
mesures, et de grands exemples.

Quelques désordres commis par nos troupes donnèrent, à cette époque, lieu à l'adresse
suivante :

« SOLDATS,

» L'on m'a déjà porté plusieurs fois des
» plaintes relativement à des voies de fait, et à
» des pillages exercés par quelques-uns d'en-
» tre vous : ces excès viennent de se renou-
» veller très-récemment à Bisagno et à Cas-
» teletto.

» Ils sont bien criminels, les militaires qui
» s'abandonnent à une conduite aussi atroce,
» et qui aggravent de cette manière, les maux
» que la guerre fait déjà si cruellement peser
» sur les habitans de la Ligurie.

» Au surplus, songez que c'est une obliga-
» tion pour moi de punir et de protéger, et
» croyez que je la remplirai toute entière.

« Je protégerai les citoyens, et je ferai res-
» pecter leurs personnes, et leurs propriétés.

» Je punirai les coupables; et dès ce mo-
» ment j'ordonne que tous les effets volés
» soient restitués; que les auteurs des vols
» soient arrêtés, et traduits à une commission
» militaire; que les officiers commandant les
» compagnies cantonnées dans les villages,
» soient mis aux arrêts forcés, et qu'ils soient
» destitués, si dans les vingt-quatre heures ils
» n'ont trouvé et désigné les coupables.

» Soldats, dont la carrière militaire se com-
» pose de bravoure, de privations, de vertus,
» ce n'est point à vous à qui je m'adresse; et
» vous êtes le plus grand nombre. Je ne dé-
» signe ici que quelques malfaiteurs, qui veu-
» lent déshonorer nos armes, et qui servent
» à dessein les vues de l'ennemi ».

3, 4, 5, 6 Floréal.

Le 3 floréal, l'ennemi tenta l'enlèvement
des troupes chargées de la défense de Saint-
Pierre d'Arena. Son plan, ingénieusement
conçu, fut exécuté avec audace; mais la valeur
française, et la présence d'esprit d'un seul
homme, firent tourner cette entreprise à la
gloire de nos armes.

A trois heures du matin, une grande heure

avant le jour, l'ennemi fit passer la Polcevera
à tout le régiment de Nadasti. Il fila entre
Saint-Pierre d'Arena, et Rivarolo, coupa,
par ce mouvement, la 5ᵉ légère, qui tenait
à ce dernier poste, des 3ᵉ et 25ᵉ légères, qui
occupaient le premier, arriva par les jardins
à Saint-Pierre d'Arena, força les gardes qui se
trouvaient sur sa route, surprit le premier
bataillon de la 3ᵉ, et les premier et troisième
bataillons de la 25ᵉ légère, et les rejeta sur
les hauteurs et sur la lanterne, et profita de
ce moment d'avantage pour prendre à revers
le deuxième bataillon de la 25ᵉ qui était en position sur la marine. Le colonel Nadasti, et
l'un des aides-de-camp de M. de Mélas, avaient
déjà fait trois officiers de ce bataillon prisonniers, lorsque le général Cassagne, avec les
premier et troisième bataillons de la 25ᵉ légère,
chargea. Le colonel Nadasti, déconcerté par
ce mouvement, demanda au capitaine Chodron de la 25ᵉ (l'un de ses prisonniers), le
chemin le plus court pour regagner le pont de
Cornegliano. Celui-ci, par une ruse que sa
présence d'esprit lui suggéra, lui indiqua un
chemin au travers d'un jardin. Ce colonel s'y
jeta; quatre cent cinquante hommes l'y suivirent : à peine y furent-ils entrés, les cit.
Mougenot, capitaine; Henrion, lieutenant;

Gautheret, sous-lieutenant, et Boulogne, chasseur, de la même demi-brigade, s'emparent de la porte, et crièrent *bas les armes*. Le capitaine Chodron, changeant de rôle, leur dit aussitôt: *Messieurs, c'est vous maintenant qui êtes mes prisonniers* (80).

L'ennemi laissa soixante morts dans Saint-Pierre d'Arena; nous perdîmes quarante hommes pris, trente-cinq blessés ou tués.

Le chef de brigade Godinot, commandant la 25ᶜ, s'étant trop avancé pour reconnaître l'ennemi, fut pris dès le commencement de l'affaire. Il fut échangé le sur-lendemain contre le colonel du régiment de Nadasti.

Le même jour, le général Miolis porta de fortes reconnaissances dans le Bisagno, et en avant de la Sturla. Ces reconnaissance avaient

---

(80) Ce capitaine Chodron avait été déshabillé par les Autrichiens. Au moment où ils se virent pris à leur tour, les officiers de Nadasti, qui ne s'étaient point opposés à la manière avec laquelle il avait été traité, lui offrirent leurs montres, pour qu'il les fît respecter. *Gardez vos bijoux*, répondit ce capitaine; *je n'en ai pas besoin pour faire pour vous ce que vous n'avez pas su faire pour moi.* L'un de ces officiers répliqua.... *Nous avions perdu la tête.....* *La tête!* reprit le capitaine : *on n'est pas fait pour être officier, quand on peut perdre la tête autrement que par un boulet de canon.*

pour but de suivre différens mouvemens faits
de ces côtés par l'ennemi ; elles donnèrent
lieu à des combats très-vifs, et coûtèrent quelques braves.

Le 4, le général en chef, fortement pressé
de faire connaître sa position au premier Consul, profita d'une nuit sombre pour lui dépê-
cher le chef d'escadron Franceschi, aide-de-
camp du général Soult, qui partit à cet effet
dans une nacelle (81).

Les 5 et 6 floréal se passèrent sans rien of-
frir qui mérite la peine d'être rapporté.

On conçoit facilement que, de notre côté,
le desir de connaître la position et les mouvemens de l'ennemi, nous faisait faire de continuelles reconnaissances ; et que, de son côté,
l'ennemi, qui était intéressé à tout nous cacher, et à retrécir le cercle de notre ligne,
s'opposait par-tout à leur marche. Il résultait
donc inévitablement de-là des escarmouches
très-fréquentes ; mais dont le détail aurait d'autant moins d'intérêt, qu'elles n'eurent aucune

---

(81) Toutes les fois que le tems le permettait, le
Général en chef expédiait des officiers pour le premier Consul ou le général Suchet. Beaucoup d'entre
eux furent pris : de ce nombre sont le chef d'escadron Drouin, le chef de bataillon Lambert, &c.

influence directe ni indirecte sur le sort de Gênes ou des armées respectives.

Nous nous bornerons à faire connaître le règlement de police que le général en chef fit publier le 4 prairial.

Règlement de police , par ordre du général en chef.

« Le chef de l'état-major-général de l'armée, considérant que, dans une ville en état de siége, et environnée par l'ennemi, il importe de prendre des mesures de police et de surveillance militaire, capables de déjouer les projets de la malveillance, de régulariser les mouvemens de la force armée, et d'assurer la tranquillité des citoyens ,

» Ordonne ce qui suit :

» Art. I. A compter de ce jour, et jusqu'à nouvel ordre, les portes de la ville de Gênes seront ouvertes à cinq heures du matin, et fermées à sept heures du soir.

» II. Personne ne pourra entrer dans la ville, ni en sortir, sans une autorisation du commandant de la place, qui demeure tenu de n'accorder cette autorisation que pour des motifs très-plausibles, et après un mûr examen.

» Il tiendra note des permissions accordées.

» III. Les habitans de Gênes, et les militaires n'étant pas de service, rentreront dans leur maison à dix heures du soir. Les cafés et lieux publics, seront fermés à la même heure : les patrouilles arrêteront ceux qui contreviendront au présent ordre.

Le moment de la retraite sera indiqué par un coup de canon.

IV. Tous les étrangers qui sont dans ce moment dans Gênes se rendront, dans les vingt-quatre heures, chez le commandant de la place pour s'y faire inscrire. Il sera ouvert à cet effet un registre indicatif de leurs noms et prénoms, âge, profession, lieu de naissance, motifs qui les ont appelés à Gênes, affaires qui les y retiennent, tems qu'ils comptent y rester, quartier et maison où ils habitent. Les étrangers qui seront autorisés à demeurer à Gênes recevront du commandant de la place, une carte de sûreté, où se trouveront ces différens détails.

V. Les aubergistes, et autres citoyens de Gênes ne pourront loger, sous aucun prétexte, les étrangers qui dans le jour n'auraient pas donné leurs noms chez le commandant de la place ; et ils seront tenus de les dénoncer, à peine d'être considérés comme suspects.

VI. Lorsque la générale battra, la garde nationale prendra les armes ; les chefs des légions conduiront leurs bataillons respectifs , aux postes et quartiers qui leur seront indiqués par le commandant de la place : ce dernier ordonnera aussitôt des patrouilles pour maintenir la tranquillité publique , et assurer le respect des personnes et des propriétés.

7°. Dans le même moment, les commandans de la place français, et ligurien monteront à cheval, et s'assureront eux-mêmes si les légions sont rendues à leurs postes, si les patrouilles le font, si la ville est calme et tranquille.

Au même instant, un officier de l'état-major de la place se rendra d'heure en heure auprès du général en chef pour recevoir ses ordres.

8°. En cas d'attaque, tous les habitans de Gênes qui ne font pas partie de la garde nationale, sont tenus de se retirer dans leurs maisons.

Ceux qui seront trouvés dans les rues, sur les remparts ou sur les ponts, seront arrêtés, et punis militairement. Le moment de cette retraite sera indiqué par la générale.

9°. Tout attroupement armé ou non armé sera dissipé sur-le-champ par la force.

10°. La garde nationale, et tous les citoyens faisant partie de l'armée, sont invités à concourir, chacun en ce qui les concerne, au maintien de l'ordre, et à l'exécution des mesures prescrites par les articles ci-dessus.

11°. Le présent réglement sera imprimé dans les deux langues, publié, et affiché dans les lieux les plus fréquentés de Gênes, et mis à l'ordre de l'armée.

Le commandant de la place est particulièrement chargé de veiller à son exécution.

En l'absence du général de division Oudinot, chef de l'état Major-général.

L'adjudant-général en faisant fonction.

Signé, ANDRIEUX.

Vu le présent réglement, le général en chef ordonne qu'il soit exécuté dans tout son contenu.

Signé, MASSENA.

7, 8, et 9 *Floréal*.

Depuis plusieurs jours, le général Massena savait, par le contenu des dépêches apportées par l'adjudant-général Reille, le mouvement de l'armée de réserve. Différens rapports annonçaient des marches et contre-marches de la part de l'ennemi. Tout cela détermina le général en chef à ordonner le 7 une reconnoissance forcée sur la position de l'ennemi, au-dessus de Cornegliano. Le général de brigade Cassagne passa, en conséquence des dispositions arrêtées à cet égard, entre Saint-Pierre, et Rivarolo, la Polcevera, avec les premier, et second bataillons de la 3ᵉ. légère : il fit d'abord reployer devant lui tous les avant-postes autrichiens ; mais arrivé aux positions de l'ennemi, ce dernier démasqua par son feu plus de quinze pièces de canons qui, dans tous les sens, battaient la rivière, et les routes qui y conduisent ou qui en partent. Lorsque le général en chef eut vu ce qu'il desirait sur les forces, et les moyens de défense de l'ennemi, il fit replier le général Cassagne, qui dans son mouvement avait été secondé par une fausse attaque que le second bataillon de la 25ᵉ légère avait faite vers l'embouchure de la Polcevera, sous les ordres de son chef de brigade Godinot.

Les 8, et 9 il n'y eut rien de nouveau. Ce calme était celui qui précède les grands orages.

10 Floréal.

Le 10 floréal, à deux heures du matin, il s'engage une vive fusillade aux avant-postes de la position des Deux - Frères. Vers trois heures, le feu se ralentit dans cette partie.

Avant quatre heures, notre ligne du Ponent est attaquée ; l'action y commence par une vive canonade qui part de toutes les batteries de la Coronate, et de six chaloupes canonnières qui prennent en flanc les retranchemens de la marine, que défendait le deuxième bataillon de la 25e. légère.

A cinq heures, les avant-postes de la 5e. légère sont obligés de se replier sur Rivarolo. L'ennemi charge trois fois, mais toujours inutilement, les retranchemens que les carabiniers de cette demi-brigade défendaient à l'entrée de ce village.

A six heures, l'ennemi se présente à-la-fois sur toute notre ligne du Levant : partout il déploie des colonnes d'attaque soutenues par de nombreuses réserves. Il nous force sur plusieurs points, bloque le fort de Richelieu, et s'empare du fort de Quezzi (la construction de ce fort n'était que commencée) ; en avant duquel il prend position. Il tente l'enlèvement de la Madona-del-Monte ; mais le chef de brigade Vouillemont manœuvre avec tant d'habileté, que malgré le petit nombre de ses troupes, il conserve sa position.

Dans le même temps, l'ennemi presse vivement Saint-Martin d'Albaro. Parvenu jusque

dans les dernières maisons du village; il sou-
tient par un feu terrible de croisée, celui de
ses tirailleurs qui arrivent sous le plateau. Nos
troupes s'ébranlent : déjà les ordres du géné-
néral Darnaud ne sont plus entendus, et sa
bravoure n'offre plus qu'un exemple inutile ;
lorsque le général en chef qui , parcourant
toujours tous les points de sa ligne, ne peut
jamais se faire attendre là où sa présence est
nécessaire, et qui souvent semble s'y porter
par inspiration, arrive. Ses premiers ordres
arrêtent un tiraillement qui devenait général,
et qui, chez nos troupes, est toujours un présage de retraite. Il fait rentrer les hommes
détachés dans leurs compagnies respectives,
et renforce les réserves en diminuant le nombre des éclaireurs. Ces mesures rétablissent
l'affaire au point que l'ennemi qui avançait
sous le feu le plus nourri, s'arrête au moment où il cesse (82), et ne tarde pas à se
resserrer.

Vers neuf heures du matin, à la faveur
d'une attaque extrêmement vive, et tout-à-

---

(82) Deux causes peuvent avoir produit cet effet;
la première est que le rétablissement de l'ordre parmi
nos troupes, multipliait les obstacles pour l'ennemi ;
la seconde est qu'il pouvait croire que nous nous
préparions à charger.

fait inattendue, l'ennemi nous enlève la position importante des Deux-Frères, d'où il bloque le fort du Diamant qu'il somme de suite de se rendre (83), et commande les ouvrages de l'Eperon.

A-peu-près à la même heure, quatre cents Autrichiens, passant la Polcevera à la droite de Saint-Pierre, rejettent sur les hauteurs le

---

(83) *Copie de la sommation réitérée, faite par le lieutenant-général comte de Hohenzollern, au commandant du fort du Diamant.*

« Je vous somme, commandant, de rendre votre
» fort dans l'instant ; sans cela, tout est prêt, je
» vous prends d'assaut, et vous passe au fil de l'épée.
» Vous pouvez encore obtenir une capitulation hono-
» rable ».

LE COMTE DE HOHENZOLLERN,
devant le Diamant, à 4 heures du soir.

Réponse du commandant du fort.

« M. le général, l'honneur, le bien le plus cher
» aux vrais soldats, défend trop impérieusement à
» la brave garnison que je commande, de rendre le
» fort dont le commandement m'est confié, pour
» qu'elle puisse consentir à se rendre sur une simple
» sommation ; et j'ai assez à cœur, monsieur le
» général, de mériter votre estime, pour vous dé-
» clarer que la force seule, et l'impossibilité de
» tenir plus long-tems, pourront me déterminer à
» capituler. *Signé* BERTRAND ».

premier

premier bataillon de la 5e. légère qui tenait cette position, et, soutenus par le feu de toute la ligne, pénètre dans ce village jusqu'à la croisée des chemins. Le chef de brigade Godinot·les charge à la tête du troisième bataillon de la 25e. légère, leur tue plusieurs hommes, leur fait vingt prisonniers, et les force à repasser rapidement la rivière (84).

Pendant ces opérations qui prirent une partie de la matinée, et qui se firent malgré la pluie la plus abondante, la flotte combinée rasait les côtes, et tirait, afin d'exciter le peuple à la révolte ; mais tout était contenu par la force et la sagesse des mesures prises.

Lorsqu'à travers tant d'attaques successives et différentes, de tant de mouvemens divers, le général en chef se fut assuré que le but de l'ennemi était de conserver la position des Deux-Frères, et d'enlever celle de la Madona-del-Monte, d'où il nous forçait d'évacuer Albaro, et d'où seulement on peut bom-

---

(84) Les rapports des officiers pris dans cette journée, se sont accordés à porter à 25,000 hommes les forces que l'ennemi employa contre nous. En effet, comment eut-il pu suffire sans cela à des attaques si multipliées, dans un pays sur-tout où il était difficile qu'une colonne agît sur plus d'un point ?

K

barder Gênes, il résolut de profiter de ses réserves qui n'avaient point encore donné, et de la sécurité que notre retraite et le tems affreux qu'il faisait, devaient donner à l'ennemi, pour l'attaquer à son tour, reprendre, s'il était possible, ses premières positions, et faire ainsi tourner contre l'ennemi ses propres entreprises. Cette résolution était audacieuse dans la situation des choses; mais elle fut par son à propos digne d'admiration.

D'après ce plan, le général Soult fut chargé de l'attaque des Deux-Frères, et reçut à cet effet les 73ᵉ, et 106ᵉ de ligne. Le général en chef continua à diriger les opérations de la première division commandée par le général Miolis, et la renforça, pour l'exécution de ses desseins; de deux bataillons de la 2ᵉ et de la 3ᵉ de ligne.

Mais afin de ne rien aventurer, et avant de mettre ses réserves en mouvement, et de se porter ainsi sur le centre de l'ennemi, il jugea devoir faire affoiblir la gauche; et pour cela il fit donner au général Darnaud l'ordre de ne laisser qu'un cordon devant l'ennemi, de forcer sa gauche, et de se porter rapidement sur ses derrières, afin de le battre, et lui enlever une partie des troupes qui avaient formé l'attaque de Saint - Martin, et passé la

Sturla près de la Marine, où l'adjudant-général Ottavi se trouvait avec le troisième bataillon de la 62e. de ligne, et quelques compagnies des 8e. légère, et 7e. de bataille.

Ce mouvement que le général Darnaud exécuta avec autant de précision que de vigueur, lui fit infiniment d'honneur, et lui livra quatre cents prisonniers (85).

Cette opération assurait la droite des corps que nous pouvions faire avancer à la gauche d'Albaro. Il était alors près de trois heures du soir ; et c'est à ce moment que le général Poinsot fut chargé de reprendre le fort de Quezzi, avec les premier et deuxième bataillons de la 3e. de ligne, pendant que l'adjudant - général Hector tournerait le Monte-Ratti, en suivant la crête qui lie la Madona-del-Monte au fort de Richelieu.

----

(85) Le capitaine Mathivet, de la 62e de ligne, adjoint à l'adjudant-général Thiébault, se trouvant, avec les citoyens Vaille , capitaine, et Drapier, sergent-major au même corps, par l'effet de leur courage, avoir dévancé leurs camarades, tombèrent seuls au milieu de quatre-vingt Autrichiens , commandés par quarante officiers. Ils étaient perdus ; mais la présence d'esprit du capitaine Mathivet les sauva : elle fut telle, qu'il parvint à persuader aux ennemis qu'ils étaient enveloppés, et à leur faire mettre bas les armes.

Ce dernier mouvement nécessairement très-
lent, ne put suffisamment seconder le premier, dans lequel nos troupes furent vivement repoussées, et dans lequel le chef de
brigade Mouton commandant la 3e. de ligne,
officier du plus rare mérite, et le chef de bataillon Chanu, furent grièvement blessés.

Cette résistance opiniâtre de la part de l'ennemi achève de justifier cette entreprise aux
yeux du général en chef : et quoiqu'il ne lui
reste plus que deux bataillons de la 2e de ligne,
il ordonne au général Miolis de se mettre à
la tête du premier, et de se diriger sur le
flanc droit de l'ennemi, et à l'adjudant-général Thiébault de se porter à la tête des quatre
premières compagnies du second bataillon, et
au pas de charge sur son flanc gauche, pendant que les deux bataillons de la 3e., après
avoir été ralliés par le général Poinsot, soutenaient au centre, et dans une position favorable, le choc redoublé des ennemis.

Le mouvement de l'adjudant-général Thiébault qui était le plus direct, et celui qui cou-
pait la retraite à l'ennemi, s'il avait pu s'exécuter vivement, donna lieu au combat le plus
acharné sur ce point : l'ennemi se défendit
en désespéré ; attaqué trois fois, trois fois il
repoussa cette petite colonne. Trop près pour

faire usage des armes à feu, le combat continua à coups de crosses et de pierres. Dans la seconde charge, le citoyen Diey, adjoint à l'état-major-général, fut tué : peu après, le capitaine adjoint Marceau, fut blessé ; mais bientôt, profitant de la supériorité du nombre, l'ennemi enveloppa cette colonne.

C'est alors que le général en chef fit avancer les quatres dernières compagnies du second bataillon de la 2e. de ligne, qui étaient tout ce qui lui restoit de troupes en réserve. L'adjudant - général Andrieux fut chargé de conduire ce demi-bataillon, et le général Massena lui-même, à travers les pierres, et le feu le plus meurtrier, suivi de ses officiers, marcha à la tête de ces troupes, jusqu'à ce qu'il eût opéré la jonction avec la colonne à la tête de laquelle Thiébault combattait encore. Ce renfort décida la victoire, et deux cents prisonniers en furent le résultat.

Les adjud.-génér. Thiébaut, et Andrieux continuèrent à poursuivre l'ennemi (86), et

---

. (86) Le chef d'escadron Hervo mérite d'être cité dans cette occasion, par la manière dont il se conduisit. Il est impossible de ne pas nommer ici le chef d'escadron Martigue, qui se distingua par-tout par son intrépidité, et par la manière dant il la fit partager aux troupes. Il serait de même injuste de ne

effectuerent en avant du fort de Quezzi (87) leur jonction avec les troupes du général de division Miolis (88), qui de son côté avait culbuté tout ce qui s'était trouvé sur son passage, et avait fait trois cent cinquante prisonniers.

Sur la droite, et pour l'ensemble du mouvement général, la colonne de l'adjudant-général Hector, secondée par une sortie faite à propos par la garnison du fort de Richelieu, et par le mouvement que fit sur son front le général Miolis, aidé du général Poinsot, et de l'adjudant - général Andrieux, enleva à l'en-

pas parler du citoyen James, sous-lieutenant, de la 2ᵉ de bataille, qui, par son audace, se couvrit aussi de gloire dans cette affaire, après laquelle il fut fait lieutenant.

(87) Ce point de Quezzi avait été désigné pour la construction d'un fort ; le tracé en était fait, et l'exécution commencée. Il y avait déjà des parties de revêtement de quarante pieds de haut, d'autres plus basses, mais sans remparts en terre, et sans parapets. Trois grandes ouvertures dans les parties mortes, et très-accessibles, éloignaient toute idée de rétablir ce fort, et ni les Autrichiens, ni les Français n'avaient encore songéà en tirer aucun parti pour la défense de la position.

(88) Le général Miolis se loue beaucoup de la conduite du chef de bataillon Manhin, et du capitaine Margeri, de la 2ᵉ.

nemi ses deux dernières redoutes sur le
Monte-Ratti , et fit mettre bas les armes
à un bataillon ennemi de quatre cent cinquante hommes qui se trouva sans retraite ,
et qui fut pris avec son drapeau. On enleva
de la même manière à l'ennemi sept ou huit
cents échelles destinées à l'escalade de Gênes
et de ses forts , faites de manière à ce qu'on
pût y monter jusqu'à trois hommes de front.
Ces échelles furent pendant la nuit brûlées par
nos troupes.

Dans le même moment, l'adjudant-général
Gauthier qui, avec très-peu de monde, oc-
cupait une forte colonne ennemie dans le
Bisagno, lui fit soixante prisonniers, en l'em-
pêchant de prendre les troupes du général
Miolis à revers.

Enfin, sur tout le front de la première division, l'ennemi se trouva vers cinq heures du
soir , battu et mis en pleine déroute.

Trop habile pour ne pas profiter de l'effet que la vue de ces avantages avait produit
sur ses troupes, le général Soult, placé de
manière à planer sur les points de ces différens combats , saisit cet instant pour ordonner l'attaque des Deux-Frères , position
terrible où M. le général Hohenzollern avait
rassemblé de grandes forces, et où , malgré

les difficultés du terrein , il avait déjà fait porter à bras deux pièces de canon , tant il en sentait l'importance.

Le général de brigade Spital fut chargé d'enlever cette position qui fut vigoureusement défendue ; mais les talens et la valeur de ce général firent surmonter tous les obstacles ; et l'ardeur des attaquans croissant toujours à raison de la résistance , rien ne put ralentir leur mouvement. La 106e se conduisit dans cette affaire avec sa bravoure accoutumée. Cent cinquante hommes formant les débris de la 65e de ligne , commandés par le chef de bataillon Coutard , officier d'une grande distinction , arrivèrent les premiers , et sans avoir tiré un coup de fusil , au haut de la position d'où l'ennemi fut chassé ; et où il laissa , avec une centaine de prisonniers , ses deux canons , qui de suite furent employés contre lui.

La terre resta jonchée de ses morts , dans le nombre desquels se trouva le colonel de Colloredo.

L'adjudant-général Fantucci , et le citoyen Legrand , chef de bataillon du génie , au service de la république Romaine , se firent remarquer dans cette affaire par leur conduite.

Ainsi se termina cette journée , la plus im-

portante du blocus ; qui coûta à l'ennemi plus
de quatre mille hommes, dans le nombre desquels il y en eut seize cents de pris (89), et

---

(89) Dans la situation de l'armée, les prisonniers
faits par elle, avaient été, à Gênes, l'objet d'un
grand embarras. D'un côté, la nécessité de pourvoir
à leur subsistance épuisait nos ressources ; et de
l'autre, tant d'Autrichiens pouvaient être dangereux
à Gênes, sur-tout dans les momens où nos troupes
en sortaient pour combattre. Ces considérations avaient
déterminé le Général en chef à rendre successivement les premiers que nous avions faits, et sur-tout
à renvoyer sur parole tous les officiers pris par nous.
L'état de souffrance dans lequel les prisonniers ne
pouvaient manquer d'être à Gênes, avait déterminé
M. de Mélas à les reprendre.

Ces renvois se firent ainsi pendant les premiers
tems du blocus ; mais trois circonstances les firent
cesser. L'une fut l'opinion que l'ennemi les faisait
resservir contre nous ; la seconde, le refus de M. de
Mélas de nous rendre ceux qu'il nous avait faits ;
la troisième, le renvoi qu'il nous fit de trente employés pris près de Final.

Ce dernier trait, sur-tout, était extrêmement peu
délicat : aussi, dès ce moment, le général Massena résolut de ne plus en renvoyer.

Afin de ne pas avoir à les craindre dans Gênes,
il les fit embarquer sur des bâtimens : afin de ne
pas avoir à les nourrir, il chargea le Gouvernement
de les comprendre dans les distributions qu'il faisait
au peuple. Mais qu'est-ce que c'était que quelques

qui le vit successivement attaquant, et attaqué, vainqueur, et vaincu.

Cette journée, que la fortune sembla partager entre les combattans, et dans laquelle la victoire fut toujours pour celui qui prit l'offensive, sera éternellement glorieuse pour le général Massena, aux yeux de tous les hommes en état de juger les opérations de la guerre.

Mais si elle fut belle sous les rapports militaires, combien ne fut-elle pas importante,

---

cuillerées d'une mauvaise soupe d'herbes pour des hommes forts et robustes ?

On aura une idée de la faim dévorante à laquelle ils furent en proie, quand on saura qn'ils mangèrent leurs souliers, leurs havresacs, et leurs gibernes, et que l'on n'osait envoyer personne à leur bord, de peur qu'il ne fût dévoré. On entendait leurs cris dans tout le port. Pour terminer leurs souffrances, le Général en chef avait vainement fait proposer à M. le général Otto, de leur envoyer chaque jour par mer, les vivres qu'il n'était pas en état de leur faire donner. Ce moyen n'ayant pas été agréé, leurs maux empiraient tous les jours : aussi beaucoup se jetèrent à la mer, et se noyèrent faute de forces sur lesquelles ils comptaient pour se sauver.

Tout cela était sans doute bien affreux ; mais il fallait avoir tout fait pour la prolongation de ce terrible blocus.

relativement à l'esprit public des Génois, qui le matin avaient vu l'ennemi établi sous leurs murs, et qui perdaient par cette victoire brillante, la crainte d'une attaque sérieuse par terre. Aussi l'enthousiasme fut-il tel, que le retour du général en chef chez lui fut un triomphe.

Les résultats de cette journée furent rédigés, imprimés dans les deux langues, publiés, et affichés par-tout.

11 et 12 *Floréal*.

Le général en chef pensa devoir profiter des différentes impressions que la victoire du 10 avait dû faire sur nos troupes, et sur celles de l'ennemi ; et après avoir laissé reposer les corps pendant la journée du 11, il fit porter le 12, à la pointe du jour, une forte reconnoissance sur les positions de la Coronata occupées par l'ennemi, avec l'intention de la faire vigoureusement soutenir, si l'ennemi avait fait le moindre mouvement douteux.

Le chef de brigade Godinot, de la 25e légère, faisant fonction de général de brigade, fut en conséquence chargé d'inquiéter l'ennemi sur la Polcevera, depuis la mer jusqu'à Rivarolo, avec la 3e légère, la 3e de ligne, et douze compagnies de grenadiers, des corps non employés dans cette affaire.

Le général de division Gazan déboucha de ce dernier village ; sa colonne composée des 5ᵉ, et 23ᵉ légère, et 106ᵉ de ligne, se dirigea sur la gauche de la position de l'ennemi, et marcha de manière à la prendre à revers (90).

Il y avait à peine une heure que le feu était commencé ; et déjà le général Gazan, à la faveur d'une attaque extrêmement vive, arrivait aux pièces de l'ennemi, qui commençait à évacuer : déjà tout un régiment de troupes légères autrichiennes avait posé les armes ; mais quelques coups de fusil tirés sur ce régiment au moment où il se rendait, et l'arrivée d'une forte réserve autrichienne changèrent soudainement la face des affaires, et nos troupes furent repoussées, emmenant cependant quatre-vingt-dix prisonniers avec elles.

---

(90) Le général Miolis fit cependant ce jour-là différens mouvemens dans le Levant, afin d'attirer l'attention de l'ennemi, et d'y occuper les troupes qu'il y avait.

Ce mouvement annullait une grande partie de l'artillerie dont l'ennemi avait hérissé tout le côteau de la Coronata.

Le général Soult fit soutenir la division Gazan par la 2e de ligne qui était restée en réserve sous les ordres du général Poinsot. Le
lieutenant - général Soult lui - même marcha
à la tête d'une partie de cette demi-brigade,
et débouchant dans la Polcevera par le centre
du village de Rivarolo, prit un ordre de bataille tel que par son feu, il arrêta les chasseurs de Bussi, et le 5e régiment de hussards
hongrois qui, par le lit de ce torrent, char-
geait pour couper la retraite à nos troupes.

La difficulté du terrain, l'écroulement de
tous les murs des jardins qui couvrent ce co-
teau, la faiblesse de troupes qui ne mangent
pas, la perte de tant de bons officiers ; le
commandement de presque toutes les compagnies confié à des officiers à la suite ; les
longues souffrances, la misère, l'épuisement,
et le découragement d'un grand nombre,
effet ordinaire de ces différentes causes,
furent celles de la non réussite de cette
tentative qui était très-militaire, puisqu'elle
tendait à nous livrer l'artillerie dont l'ennemi avait couvert cette position ; tous ses
préparatifs de siége et d'escalade ; beaucoup
de prisonniers, et les vivres que le général
savait être arrivés pour plusieurs jours à Sestri ;
elle avait outre cela l'avantage de forcer l'en-

nemi à amener de nouvelles troupes contre nous, et à perdre du tems à reprendre cette position, et à la fortifier de nouveau.

Après cette affaire, il y eut une trève de trois quart-d'heures que l'ennemi demanda, afin, disaient les officiers qui la proposèrent, que chacun pût ramasser ses morts et ses blessés, mais qu'ils employèrent à chercher à débaucher nos soldats. Plusieurs désertions suivirent des entretiens particuliers, où des émigrés seuls avaient paru.

Aussitôt que le général en chef eut avis de cette trève, et avant d'en connoitre même les détails, il avait ordonné qu'elle fût rompue.

Pendant tout le combat dans lequel la 5e légère se conduisit très-bien, l'escadre anglaise, forte de cinq vaisseaux et frégattes, fut en bataille devant Cornegliano, et Saint-Pierre d'Arena.

Cette journée fut cruelle pour l'état major.

Le général de division Gazan y fut blessé, ainsi que l'un de ses aides-de-camp, et son officier de correspondance.

L'ajudant-général Fantucci fut tué. Ses adjoints Fascarolo, et Gasparinetti furent blessés. Un obus qui éclata aux pieds du général en chef, et au milieu de l'état-major, tua le citoyen Carlier, capitaine adjoint, et officier très-estimé.

Le capitaine Rosa , attaché à l'adjudant-général Reille , fut légèrement touché par un boulet heureusement amorti.

13, 14, 15, 16, 17, 18, 19 et 20 floréal.

Toute la journée du 13 floréal, l'ennemi travailla à ajouter encore de nouveaux ouvrages à son camp de la Coronata, et à le hérisser de nouvelles pièces. Il fortifia sur-tout le côté par lequel nous avions manqué le lui enlever la veille, et fit sur plusieurs points des démonstrations d'attaque , dans la vue sans doute de protéger les travailleurs.

Dans la même journée , le bruit se répandit qu'il avait reçu des renforts, et que dans la nuit il devait escalader Gênes. Le fait est, qu'entre autres mouvemens, il porta une colonne de plus de deux mille hommes du côté de Monte-Oretto.

La 73ᵉ passa de la 2ᵉ division dans la première, et fut chargée de la défense du fort de Quezzi (91).

______

(91) L'affaire du 10 floréal ayant démontré la nécessité du fort *Quezzi*, dont l'établissement avait paru jusques-là impossible, tant par le défaut absolu de moyens de construction de tout genre, que par la durée présumée des travaux ; le général en chef en ordonna la construction et mise en état. Il y avait tant à faire

.On rapporta dans la même journée que la cavalerie ennemie filait du côté du Piémont.

pour y parvenir, que plusieurs officiers regardèrent cet ordre comme inexécutable ; il y eut des paris qu'il ne le serait pas de trois mois, quelqu'activité qu'on y mît : et il faut l'avouer, on ne peut expliquer la célérité incroyable de cette construction que par le pouvoir presque miraculeux de la nécessité et la volonté bien prononcée de réussir, à quelque prix que ce fut. Les tonneaux qu'on y employa, au nombre d'environ cinq ou six cents, et qu'on remplissait de terre, tinrent lieu de gabions et de saucissons. On en fit des escarpes de vingt à vingt-cinq pieds de haut ; on en forma les merlons pour les embrâsures ; on en fit les parapets : et pour éviter que l'ennemi, dans une attaque de vive force, ne brisât à coup de haches le tonneau inférieur, et ne fît ainsi crouler toute l'escarpe ; et que d'un autre côté, malgré la précaution généralement prise de placer, le plus que l'on pouvait, les tonneaux l'un sur l'autre, de manière que leurs circonférences fussent concentriques, plusieurs parties pouvaient prêter à l'idée d'une escalade, en s'accrochant d'un tonneau à l'autre ; il fut construit en avant de cette escarpe, et en forme de revêtement, un mur en pierre sèche de la hauteur de cette escarpe. Ces deux genres de constructions se soutenaient réciproquement et suffisaient pour parer à tous les inconvéniens, puisque ce fort ne pouvait point être attaqué avec du gros canon. Ces travaux qui devaient durer au moins trois mois, furent l'affaire de trois jours et trois nuits. Les généraux, les officiers et les soldats y ont travaillé avec un dévouement in-

Cette

Cette nouvelle confirme nos espérances sur la
marche de l'armée de secours.

Le 14, dès la pointe du jour, l'ennemi fait
jouer toutes ses musiques.

Le 15, un petit bateau chargé de grains
trompe les efforts des Anglais, et apporte à
Gênes des vivres pour cinq jours.

Les 15, 16 et 17 n'offrent absolument rien
de remarquable ; aucun fait militaire, aucune
nouvelle ne consacra ces journées, si ce n'est
quelques reconnoissances qu'exécuta le général Miolis, le 15 sur-tout, mais qui ne conduisirent à aucun résultat qui puisse intéresser,
et la destruction d'un aqueduc que les paysans
armés coupèrent, et qui était d'autant plus

---

concevable. Le chef de brigade Marès, commandant
en chef du génie, secondé par plusieurs officiers de
ce corps , dirigea lui - même les travaux , et il ne
quitta le fort que lorsque sa construction fut assez
avancée pour ne pouvoir en descendre qu'avec une
échelle. Comme cette construction avait lieu à un
avant-poste, et en présence de l'ennemi , les travaux
en furent poussés de manière que la pose de chaque
tonneau pouvait être dès l'instant même utilisée pour
la défense , et l'ennemi qui vint le reconnaître fut
tellement déconcerté par la naissance presque subite et
inattendue de ces fortifications , et par la disposition
des travaux, qu'il n'a plus osé l'attaquer, ni pendant,
ni après la construction.

L

important, qu'il faisait aller une grande partie des moulins de Gênes (92).

Le 18, un espion apprend que l'on a entendu pendant deux jours une très-forte canonnade du côté de Turin ; que l'opinion général est que l'ennemi a été battu ; que les Français marchent sur Milan. Le même espion ajoute que, le 16 au soir, M. de Mélas, à la tête de dix mille hommes, a passé à Sassello, marchant vers le Piémont.

Le besoin d'encouragement fait recevoir ces nouvelles avec avidité.

Vers dix heures du matin, la flottille napolitaine arrivée le 17, canonne, et bombarde Saint-Pierre d'Arena.

Dans la même journée, le chef de brigade Pouchin, de la 108e, remplace dans le commandement de la place de Gênes, l'adjudant-général Degiovany, qui est employé auprès du général en chef.

Le 19, à la pointe du jour, cette flottille bombarde Albaro : son feu dura trois ou quatre heures.

---

(92) Cet événement détermina le Général en chef à faire construire des moulins, que des chevaux pussent faire tourner. Par les soins du chef de brigade de génie, Marès, il y en eut trois de faits en six jours, chacun de quatre meules.

L'ennemi fait dans cette journée différens mouvemens dans le Levant : le bruit se répand qu'il est arrivé douze cents Calabrois à Nervi.

Le 20, dans l'après-midi, dix-neuf coups de canon tirés par l'amiral anglais, et quelques décharges d'artillerie faites dans le camp ennemi, se font entendre, et donnent lieu à diverses conjectures.

21 *Floréal.*

Deux fois déjà depuis notre blocus, le Levant avait été pour nous un théâtre de victoires. Attaquans, et attaqués, nous y avions vu des légions menaçantes se changer devant nous en colonnes de prisonniers timides, et descendre humblement des cîmes qu'elles couvroient avec orgueil.

Deux fois, et toujours par l'effet des combinaisons du général Massena, l'armée y avait moissonné d'abondans lauriers ; mais cette terre amie n'était point encore épuisée pour nous ; et les victoires des 17 germinal, et 10 floréal devaient en quelque sorte être éclipsées par une nouvelle victoire plus éclatante encore.

Une circonstance particulière en détermina l'instant : le général en chef, bien résolu à profiter du départ de M. de Mélas, et d'une partie de son armée, pour affaiblir encore le corps ennemi qui était resté chargé de notre blocus, méditait depuis plusieurs jours la manière de le forcer à s'éloigner ou à se renforcer autour de Gênes, pour opérer une plus puissante diversion ; mais le point, ou plutôt le moment de son attaque, n'était point encore décidé, lorsque, le 20, il reçut du général Otto une lettre par laquelle ce dernier le prévenait que le jour même son canon tirerait en réjouissance d'une victoire remportée sur le général Suchet : cette nouvelle qui aurait intimidé un homme faible ou découragé, un homme ordinaire, produisit sur le général Massena un effet tout contraire. Une noble indignation s'empara de son ame : elle l'excita à venger son lieutenant, et lui fournit avec cette idée mâle, et généreuse, tous les moyens de l'exécution.

En conséquence, et de suite, il arrêta pour le lendemain des dispositions d'après lesquelles il divisa en trois corps les troupes qu'il résolut de faire concourir à l'exécution de son projet.

L'un, sous les ordres du général Miolis, fut composé des 62e, 74e, et 78e demi-brigade de bataille.

L'autre, sous les ordres du lieutenant-général Soult, le fut des 25ᵉ légère, 2ᵉ, 3ᵉ, et 24ᵉ de ligne.

La 106ᵉ forma la réserve de la division Miolis.

Le général Miolis fut chargé d'attaquer le Monte - Faccio, et le général Soult de le tourner.

L'attaque de front se fit sur trois colonnes, savoir, la 78ᵉ formant celle de gauche, et marchant sous les ordres de l'adjudant-général Gauthier.

Le général Miolis occupait le centre avec la 74ᵉ et avait sur la droite l'adjudant-général Reille, commandant la 62ᵉ, pendant que le chef de brigade Wouillemont, avec la 8ᵉ légère, occupait la marine.

L'adjudant-général Gauthier obtint des succès rapides, succès qu'il commanda autant par son courage que par ses dispositions, et ses manœuvres, et au moyen desquelles il enleva à l'ennemi son camp retranché de Bavarie, dans lequel la 78ᵉ trouva trente à quarante sacs de riz (95).

Le général Miolis s'empara de même des

---

(93) Dans son rapport, l'adjudant-général Gautier fit le plus grand éloge des 1ᵉʳ et 2ᵉ bataillons de la 78ᵉ, commandés par le chef de cette demi-brigade.

premières positions de l'ennemi sur le *Monte-Faccio* ; mais en se repliant, ce dernier ayant formé ses masses, profita d'un moment de fluctuation parmi nos troupes, reprit brusquement l'offensive, les chargea avec beaucoup de vigueur, et les rejeta sur la Sturla, sans qu'il fût possible de les ralier, ou seulement de les arrêter, et cela quoique le général en chef eût successivement fait, dans cette vue, avancer toute la réserve (94). Mais pendant que l'ennemi suivait avec acharnement cette partie de nos troupes, le général Soult opérait victorieusement son mouvement.

Il avait divisé ses forces en une avant-garde, et en un corps de bataille ou réserve. Le général Darnaud commandait à la première les 25e légère et 24e de ligne, le général Poinsot commandait à la seconde, les 2e et 3e de ligne.

Parti vers cinq heures du matin (savoir, son avant-garde de Gavetto dans le Bisagno, et son corps de bataille des glacis de la porte Romaine), le général Soult avait suivi la gauche du Bisagno, passant par *Bisantino*, *Olmo*, *Prato*, *Olivetto*, *et Cassolo*, culbutant de-

----

(94) L'adjudant-général Gautier, et le chef de brigade Wouillemont, firent seuls quelques prisonniers.

vant lui les postes autrichiens qui étaient dans ces différens cantonnemens, en même tems qu'un corps détaché avait forcé les camps que l'ennemi avait sur les Monte - Cretto et Bavari. Arrivé à Cassolo, il passa la rivière : le général Darnaud s'empara rapidement des avances du pont, en se portant, jusqu'à l'embranchement des chemins de Corriglia, Campanardigo et Vignone, où l'ennemi pouvait prendre une position avantageuse, mais où il n'eut pas le tems de se rallier. Pour le général Darnaud, il s'y arrêta le tems qui lui fut nécessaire pour y rassembler toutes ses troupes.

De Cassola, toute cette colonne se dirigea par *Vignone* et *Terrasso*, sur les hauteurs dites *Il - Beno*, parvint à la crête des montagnes, et coupa le chemin de Sorri.

Pendant ce trajet, le général Darnaud avait battu l'ennemi à différentes reprises, et lui avait déjà fait plus de six cents prisonniers (95).

---

(95) Un fait mettra à même de juger des difficultés de ce mouvement, et ce fait est que le général Darnaud, pour exécuter le passage d'un ravin extrêmement profond, et escarpé, fut obligé, sous un feu très-meurtrier, de faire passer toute sa troupe sur une seule échelle. C'est-là qu'avec les cinquante hommes qui avaient passé les premiers, ce général

Mais se trouvant alors extrêmement éloigné
du corps de bataille , il fut assailli par un
corps ennemi de beaucoup supérieur au sien
par le nombre , et plus encore parce que les
troupes qui le composaient n'étaient pas, ainsi
que celles du général Darnaud, affamées, et
harassées de fatigue. Dans cette position critique, il soutint plus de deux heures un combat, dont ses talens seuls diminuèrent l'iné-
galité. Cependant un bataillon de la 2ᵉ de
ligne, et ses grenadiers, arrivèrent sous les
ordres du général Poinsot, et mirent à même
de changer cette défensive pénible et difficile,
en une offensive brillante. Par les ordres du
général Soult, qui arriva immédiatement après
cette colonne, le bataillon de la 2ᵉ, et les grenadiers , furent de suite formés dans le centre
en colonne serrée ; la charge donna le signal de l'attaque ; la 25ᵉ s'élança sur le flanc
gauche de l'ennemi, la 24ᵉ sur son flanc droit ;
et par cette manœuvre , l'ennemi surpris fut
culbuté , et précipité du haut des rochers.
Plus de huit cents Autrichens roulèrent dans
les abîmes ; un plus grand nombre fut pris

---

chargea l'ennemi, et lui fit cent prisonniers. Dans ces
prisonniers , se trouvaient un colonel , un lieutenant-
colonel et deux majors.

dans les retranchemens de Monte - Faccio (96).

Le général Soult, maître des Monte-Moro, et de Monte - Faccio, y fit faire une halte, après laquelle le général Darnaud se dirigea sur Nervi, dont il s'empara. Il y trouva des vivres pour ses troupes, et y prit deux pièces de canon.

Quant au général en chef, qui, à la manière dont toutes les troupes du général Miolis, excepté la 78e aux ordres de l'adjudant-gé-

---

(96) Lors de la désertion d'une partie des corps de l'armée d'Italie, la 25e légère avait été chargée de désarmer la 24e de ligne. Cette circonstance faisait craindre de les rapprocher ; mais dans cette journée, la conduite héroïque de ces deux corps, qui à chaque pas avaient rivalisé de gloire, leur donna réciproquement tant de motifs d'estime, que les braves qui les composaient, s'embrassèrent au milieu du feu, et firent, sur le champ de bataille, et par un mouvement honorable pour toutes deux, abjuration de toute inimitié. L'enthousiasme fut même si grand de part et d'autre, que par un échange momentané de braves, la moitié de la 25e passa dans la 24e, et la moitié de la 24e dans la 25e, et les deux corps, ainsi mêlés, continuèrent à battre l'ennemi avec une ardeur nouvelle.

Tout le monde jugera sans doute avec nous que les armées françaises sont les seules qui puissent fournir de semblables anecdotes.

néral Gauthier, s'étaient retirées le matin, avait jugé qu'il était alors impossible de reformer de suite les corps qui les composaient, il leur avait fait prendre position à Saint-Martin d'Albaro, et à la Porte – Romaine; avait fait recompléter leurs cartouches, et leur avait fait faire une distribution extraordinaire de vin : cette mesure prise sans perdre de tems, le mit à même de les reporter en avant, vers une heure après midi ; et il se trouva si bien en mesure pour secourir le général Soult (s'il en avait eu besoin), qu'avant quatre heures du soir le général Miolis avait déjà rétabli les communications avec les troupes que le général Soult avait laissé dans le Bisagno ; qu'à la même heure, la 62e était en position sur le Monte-Notte, et que la tête de la colonne de droite, composée de la 8e légère, arriva à Nervi en même tems que les troupes du général Darnaud.

À la nuit, ce dernier se replia à Castagna. La deuxième rentra à Gênes, y ramenant plus de quinze cents prisonniers. Le reste des troupes acheva le lendemain de reprendre ses premières positions, en conservant cependant le Monte - Faccio (97).

---

(97) A la 62e près, qui ne revint sous les murs de Lecce que le 23 à la pointe du jour.

Vers le soir, cette victoire fut annoncée à Gênes au son des bandes militaires, et la ville fut illuminée.

L'enthousiasme fut même d'autant plus grand, que du moment où la division Miolis avait battu en retraite, il n'avait plus été possible au général en chef d'avoir des nouvelles du général Soult ; et cette circonstance était d'autant plus sérieuse, que ce général se trouvait enveloppé par l'ennemi qu'il avait tourné ; qu'agissant seul, il pouvait être accablé par le nombre ; et que par conséquent beaucoup de personnes avaient cru la journée complètement malheureuse jusqu'au moment où l'on en publia le brillant résultat. Dans son rapport au général en chef, le général Darnaud donne, relativement à cette affaire, les plus grands éloges aux chefs de la 25e légère et 24e de ligne, au chef d'escadron Lavilette, blessé (dans la dernière charge), et au sous-lieutenant Mamard, de la 106e, et qui fut de même blessé.

Le général en chef résolut de profiter de la victoire du 21 , pour chercher à en remporter une nouvelle avant que l'ennemi eût eu le tems de réparer ses pertes. Mais il connoissait assez la situation de son armée, pour savoir qu'avec des troupes épuisées par de longues souffrances , et usées pour ainsi dire au moral comme au physique , il était impossible de combattre deux jours de suite , sur-tout sur les rochers presque inaccessibles de la Ligurie , contre un ennemi en présence duquel l'on ne pouvait arriver qu'après deux ou trois heures des efforts les plus pénibles , et à moitié vaincu par la fatigue , et dans un pays où la victoire échappe souvent au plus brave , pour favoriser le plus robuste.

Le 22 fut donc , par nécessité , consacré au repos , et à la célébration de la victoire de la veille , qui se fit à midi par vingt - cinq coups de canon , coups dont le motif fut officiellement annoncé aux généraux ennemis. Mais , le 23 au matin , le général Massena marchait déjà à une expédition nouvelle , et qui, relativement à l'offensive (si souvent reprise par nous) , devait être décisive entre les troupes qui défendaient Gênes , et celles qui en ce moment bloquaient cette place.

Le but de cette attaque était l'enlèvement du camp de Monte-Cretto (98) , point cen-

____

(98) L'expérience a démontré au Général en chef qu'il devait toujours croire à son pressentiment, et à sa première idée. En effet, dans une tête forte,

tral de toutes les positions de l'ennemi au tour
de Gênes, et réellement la clef de toute la
ligne : je dis la clef, parce que, maîtres de
cette montagne, nous l'obligions à se retirer
par Monte-Croce sur Campo-Marona, où la
jonction de toutes nos troupes devait se faire.

---

vivement occupée d'un objet, le premier jet de la
pensée doit être beaucoup plus juste qu'une résolution à laquelle conduit une fatigante discussion.
Le général Massena en est une preuve frappante et
nouvelle dans cette occasion. Le mouvement qu'il
avait arrêté pour le 23, devait avoir lieu sur
Portofino. Son but était d'y enlever le grain qui s'y
trouvait, et d'avoir des vivres avant de tenter l'attaque si importante, mais si douteuse du camp
de Monte-Cretto. Déjà huit cents marins et porte-
faix étaient rassemblés à Albaro ; déjà une partie
de la garde nationale de Gênes marchait pour prendre
part à cette expédition, et déjà les colonnes s'ébran-
laient, lorsque dans un conseil particulier tenu pendant la nuit du 22 au 23, l'idée de commencer par
l'attaque de Monte-Cretto, prévalut. Le Général
en chef s'y refusa cependant long-tems ; mais pressé
par les instances et les raisonnemens d'un Général,
fort auprès de lui de tous les titres de l'amitié et
de la victoire, il se rendit en prophétisant cependant
des malheurs, qui dans cette journée ne se réali-
sèrent que trop. Le reste de la nuit fut, d'après
ce nouveau plan, consacré à changer toutes les dispositions arrêtées, et à en ordonner de nouvelles.

Par ce mouvement, nos forces étaient tout-à-coup réunies, et nous nous trouvions d'un côté sur les derrières de la Coronata, d'où l'ennemi, dans le Ponent, nous gênait le plus, et de l'autre, maîtres du Levant, où l'ennemi n'avait plus aucun point d'appui. La perte de son camp de Monte-Cretto l'obligeait donc à s'éloigner de Gênes, à se retirer en arrière de Voltry, et de Sestri du Levant, à évacuer Portofino, et à abandonner l'artillerie qu'il avait à Cornegliano, et à Sestri du Ponent, où même nous pouvions encore trouver quelques magasins.

Rien ne fut négligé pour assurer la réussite de cette opération si majeure, par les résultats (99) qu'elle pouvait avoir. Le choix des troupes et des chefs se fit avec un soin égal. Les troupes reçurent tout ce qu'il était possible de leur donner. Enfin, un espoir fondé faisait d'avance ranger cette journée au

---

(99) C'était en quelque sorte la dernière tentative que le général Massena pouvait songer à faire. La nécessité de contenir le peuple de Gênes, que des souffrances trop prolongées aigrissaient tous les jours davantage, et que par tous les moyens possibles on excitait à la révolte, ne pouvant plus guères permettre de sortir de cette place.

nombre de celles qui devaient nous laisser des souvenirs glorieux et consolans.

Mais, par un premier malheur, l'ennemi, qui avait senti l'importance de cette position, y avait rassemblé, ou en avait rapproché toutes ses forces : quoi qu'il en soit, le corps d'attaque fut divisé en deux colonnes.

Celle de droite, composée des 3ᵉ légère, et des 2ᵉ, 3ᵉ, 24ᵉ, et 62ᵉ de ligne, marchait, sous les ordres du lieutenant-général Soult, sur le camp de Monte-Cretto. Elle partit de la porte Romaine à huit heures du matin, et se dirigea par la vallée du Bisagno.

Celle de gauche, commandée par le général Gazan, et composée des 92ᵉ, 97ᵉ, et 106ᵉ, déboucha par le fort de l'Eperon, et, passant par les deux Frères, se dirigea sur les quatre As, qui se trouvent à leur droite, et que l'ennemi occupait par de fortes redoutes, en même tems qu'il soutenait ces dernières par un camp considérable.

Les 3ᵉ légère, et 62ᵉ de ligne, formant, sous les ordres de l'adjudant-général Gauthier, l'avant-garde du général Soult, commencèrent le combat vers onze heures du matin. La valeur des troupes, l'intelligence de leur chef, signalèrent le début de cette journée par des succès marqués. Par-tout l'ennemi ployait devant cette petite colonne (100); et, au bout de plusieurs heures d'une marche qu'un combat continuel rendit extrêmement pénible, et après avoir enlevé deux camps, et plusieurs retranchemens, elle arriva au camp de Monte-Cretto, défendu par de nombreux ouvrages, et par une ligne de troupes soutenues par plusieurs réserves.

Pendant ce tems-là, la division du général Gazan était également aux prises avec l'ennemi; déjà la brigade du général Spital s'était emparée de ses premières positions; déjà l'on formait des pelotons pour suivre, un peu rassemblés, les braves qui marchaient sur les redoutes de l'ennemi, lorsque l'orage le plus violent et le moins attendu, semble tout-à-coup confondre la terre avec les cieux : des nuages tellement épais, qu'en se touchant l'on ne se voyait pas, couvrirent les montagnes élevées que nous occupions, et enveloppèrent tous les combattans, au point que l'on ne s'appercevait plus qu'à la faveur des éclairs. Après trois quarts d'heure d'un véritable déluge, pendant lequel personne n'osait faire un pas, chacun se trouva où l'orage l'avait pris. Mais tout était

---

(100) Ces deux demi-brigades ne formaient pas 1400 hommes.

mouillé,

mouillé, et la terre, et les armes. Le moment de l'énergie (101) était passé. Les sentiers étaient devenus extrêmement glissans et difficiles, et pendant ce tems l'ennemi s'était encore renforcé par l'arrivée des corps, qui, placés dans les vallées environnantes, et au-dessus des nuages, avaient pu marcher pendant l'état de stagnation dans lequel nous avions été si longtems. Les obstacles, en un mot, avaient augmenté en proportion de la diminution de nos moyens. On fit encore des efforts, mais ils furent tous malheureux. L'enthousiasme, ce ressort des armes, qui est tout pour les Français, était usé.

Sur la gauche, le général Spital, en cherchant à ranimer ses troupes, eut son cheval tué sous lui, et lui-même se blessa dans sa chûte. L'adjudant-général Reille prit sa place, se jetta en avant, et ne fut point suivi.

Sur la droite, l'adjudant-général Gauthier, par la force de son exemple, obtint encore une charge, au moyen de laquelle il enleva les redoutes qui défendaient le camp de l'ennemi. Mais aussitôt, ce dernier fait donner l'une de

---

(101) A la fin du blocus, elle était éteinte dans nos troupes, par l'effet de tout ce qu'elles avaient souffert.

M

ses réserves, que conduit le général Hohenzollern lui-même. Le choc est terrible : l'on
se bat corps à corps, et Gauthier tombe blessé.
Ses troupes reculent. Le lieutenant-général
fait rapidement avancer le général Poinsot à
la tête de la 2e de ligne; l'ennemi plie à son
tour, nos troupes arrivent au camp de Monte-
Creto. Le feu est mis par elles aux baraques
de ce camp; mais l'arrivée d'un nouveau corps
ennemi rend encore cet effort inutile, et nos
troupes se dispersent de nouveau. C'est alors
que le lieutenant-général Soult rallie lui-même
la 3e de ligne. Les troupes à sa voix s'arrêtent
un instant, il semble leur communiquer la
valeur qui l'anime; mais une balle, qui lui fra-
casse la jambe droite, nous arrache la victoire.
Ce fut en vain que le général Poinsot, et
l'adjudant-général Gauthrin, donnent encore
l'exemple du courage, et engagent les soldats
à venger le sang de leurs chefs. La retraite
s'opère, et, pour comble de douleur, le général Soult reste au pouvoir de l'ennemi. Le
terrein, naturellement glaizeux, et incliné,
était tellement imbibé, que nos soldats,
exténués de fatigue, et pouvant à peine s'y
soutenir, ne purent l'enlever, malgré les
efforts qu'ils firent pour y parvenir. L'ennemi
suivit d'autant plus faiblement notre mou-

vement rétrograde, qu'il avait détaché une colonne pour nous tourner. Cette colonne serait
en effet arrivée assez à tems pour couper la
retraite à la moitié de nos troupes, si elle eût
eu affaire à tout autre qu'à des Français.

Il y eut, dans cette rencontre imprévue
pour nos bataillons, une action assez vive, et
dans laquelle le chef de brigade Perin, commandant la 2ᵉ de ligne, reçut, à la jambe
gauche, une balle dont il mourut.

Au moment où le général en chef avait
jugé l'entreprise manquée, il avait détaché de
la division Gazan, l'adjudant-général Hector,
qui, avec la 106ᵉ, descendit dans le Bisagno
pour protéger la retraite des troupes du général Soult. Ce corps seconda très-heureuse-
ment les efforts par lesquels la 2ᵉ de ligne se
fit jour. Le soir chaque corps rentra dans ses
anciennes positions.

Pendant ces différens combats, le général
Miolis occupa l'ennemi dans le Levant et dans
le Bisagno, au moyen de fortes reconnaissances.

C'est ainsi que se termina pour nous cette
journée d'un véritable deuil ; cette journée
fatale à tant de braves, et dans laquelle l'armée
fit trois pertes irréparables, pour elle (102).

____

(102) 1°. Le chef de brigade Perin, bon chef,

Enfin, c'est ainsi que la fortune inconstante partagea ses faveurs, et se joua ce jour là de nos vœux et de nos espérances.

Cent vingt prisonniers ennemis restèrent en notre pouvoir; on prit avec eux un colonel, un major, et huit autres officiers.

Pendant que l'armée avait été ainsi occupée hors de Gênes, quatre mille femmes, des sonnettes à la main, s'étaient rassemblées dans la ville en demandant du pain, et la fin de leur misère. De l'argent distribué à propos par le commandant de la place, et sa sagesse, dissipèrent cet attroupement; mais ne purent tranquilliser sur un peuple nombreux, souffrant, et agité par des meneurs adroits.

24, 25, 26, 27 28, 29 et 30 Floréal.

Le 24, à onze heures du soir, le citoyen Couchand, capitaine du génie, arriva avec les

---

et d'une bravoure qui ne s'était jamais démentie.

2°. L'adjudant-général Gauthier, réunissant pour le commandement des qualités rares, et des talens distingués.

3°. Le lieutenant-général Soult, qui, par les services les plus signalés, justifia pendant ce blocus sa haute réputation. Il marcha de victoires en victoires, et l'on peut dire qu'il suivit une route constamment eclairee par la gloire.

dépêches, par lesquelles le premier Consul informait le général Massena de la première victoire de l'armée du Rhin, et lui annonçait qu'il prenait le commandement de l'armée de réserve. Cette nouvelle rendit l'énergie aux armes. Le nom seul de Bonaparte présageait des victoires. Sa lettre fut, dès la pointe du jour, traduite, imprimée, et répandue par tout.

Le 25, plus de quarante bâtimens font voile vers le Levant. Ce sont, dit-on, les Autrichiens qui évacuent sur Livourne, tout ce qu'ils ont pu enlever dans la rivière du Ponent, et qui préparent ainsi leur retraite.

Le 26, le rapport de la Lanterne porte que les fortins de Vado ont tiré.

Le 27, à deux heures du matin, les galères et chaloupes napolitaines bombardent gênes, et principalement le quartier de la marine. Le peuple s'épouvante, et fuit de toutes parts. Au milieu de la nuit, la ville est pleine de monde, des rumeurs se font entendre, des fusées partent de l'un des endroits où sont les prisonniers. La générale bat, mais ne rassemble presque personne de la garde nationale, qui, depuis le 23, ne prit presque plus de part aux mesures de police.

Le zèle des patriotes était refroidi. Les menaces dont Assaretto remplissoit toutes ses proclamations les intimidait à proportion que notre position devenait plus critique.

Au milieu de tout ce désordre, le général en chef parcourait toute la ville.

Le jour mit fin au bombardement (103).

Le 28, l'ennemi fait une forte reconnaissance sur le Monte-Faccio; il est repoussé après un combat d'une demi-heure.

Le canon se fait encore entendre du côté de Savonne, à ce qu'annoncent différens rapports.

Cinq déserteurs rapportent que tous les corps ennemis qui se trouvent dans le Ponent, ont fait partir tous leurs équipages, ainsi que leurs chevaux de pelotons, et que le bruit se répand dans le camp ennemi que Bonaparte a bloqué Turin, et marche sur Alexandrie. L'ennemi, ajoute-t-on, ne quitte presque pas les armes.

Malgré ces nouvelles, qui cependant nous sont favorables, plusieurs conciliabules se

____

(103) Les femmes sur-tout continuèrent encore, malgré le jour, à rester en groupes au moment du passage du général Massena. Près d'un de ces groupes, des cris se firent entendre : il s'arrêta, fixa les séditieux, et son regard fit tout finir.

tiennent à Gênes, sans qu'on puisse découvrir le nom d'aucun de leurs membres.

Dans des groupes, des femmes crient *viva*, sans achever leurs acclamations. Par ces mêmes femmes, et par des prêtres, des Français sont insultés dans les rues, et quelques-uns le sont d'une manière très-grave. Tout semble présager une explosion.

Le 28, nous apprenons que le fort de Savonne s'est rendu le 26 (104).

Le 29, le général en chef prend des mesures particulières pour la sûreté de la ville. Il fait évacuer le Monte-Faccio, et reprendre au général Miolis la ligne plus resserrée de la Sturla, il renforce la garnison de Gênes, et établit des réserves permanentes sur les places de la Fontaine-Amoureuse et de Saint-Dominique, où il fait placer de l'artillerie (105); enfin il concentre ses forces.

(104) Au moment où la capitulation venait d'être signée, un bateau, chargé de subsistances, et envoyé de Gênes par le Général en chef, entrait dans le port de Savone.

(105) La 3ᵉ de ligne avait toujours un de ses bataillons sur la place de la Fontaine-Amoureuse, qui était sa place d'alarme, et où il y avait une pièce de canon; la 2ᵉ et la 106ᵉ (quand elles remplacèrent cette première dans Gênes), avaient toujours un bataillon à la place Saint-Dominique, où il y

Le 30, à sept heures du matin, arrive l'adjudant-général Ortigouy, annonçant, d'après une dépêche de Bonaparte, que, du premier au 10, nous serions débloqués. Avec lui arrivent 900,000 francs envoyés d'Antibes par le payeur général Scitivaux. Cette somme employée à donner quelque secours à l'armée, et à faire face aux besoins les plus urgens des administrations, rendit un peu de courage et d'énergie, par le mieux momentanée qu'elle produisit.

Depuis la veille toute la flotte anglaise paraissait réunie devant Génes : à la pointe du jour on signala cependant encore une nouvelle escadre venant du Ponent; vers deux heures après-midi, elle vint en effet se joindre aux autres bâtimens qui, entourés d'une multitude de galères, de chaloupes, et de bombardes, passèrent la journée à portée de canon des batteries de la place.

---

avait en outre deux pièces de canon. La place d'alarme des deux autres bataillons, était à la place de l'Aqua-Verde. Il y avait outre cela une demi-brigade sur les glacis de la porte Romaine, une aux deux Frères, et une à la porte de France. Tous les artilleurs de l'armée et de la ville avaient leurs places marquées : le Général en chef se mit ainsi en mesure contre le peuple, les troupes autrichiennes, et la flotte combinée.

De 4 à 5 heures du soir, il s'engagea entre un vaisseau de ligne et une galère génoise, une canonade assez vive. A onze heure, tous les petits bâtimens de l'ennemi approchèrent à la faveur de la nuit, et bombardèrent Gênes de nouveau. Ce deuxième bombardement produisit moins d'effet que le premier ; beaucoup de personnes s'éloignèrent encore des quartiers où les bombes tombaient le plus ; mais il y eut beaucoup moins de rumeur que lors du premier bombardement.

A deux heures après minuit, les Anglais avec leurs chaloupes enlevèrent, au moyen d'un abordage (sans doute convenu), une fort belle galère gênoise, qui, avec les autres bâtimens armés du port, en défendait l'entrée pendant la nuit. Les cinquante grenadiers liguriens qui tenaient garnison sur cette galère, tirèrent trois coups de fusil pour la défendre. Le brave Bavastro qui la commandait, voyant ce bâtiment perdu par une trahison manifeste, se précipita dans la mer, et préféra les risques d'une mort honorable, à une reddition honteuse. Il échappa heureusement aux périls qu'il brava, et conserva, par ce trait de courage, un homme précieux à l'armée, toujours bien servie par lui. A la pointe du jour le bom-

bardement finit, et les petites barques dispa-
rurent avec les ténèbres.

Pour remplacer cette galère, le général en
chef fit conduire à l'entrée du port, deux des
radeaux qui servaient à le nettoyer : il les fit
fixer au moyen d'ancres, fit faire sur ces radeaux des embrasures du côté de la mer, et
fit placer deux pièces de canon sur chacun.

Ces radeaux ainsi armés, formèrent deux
bonnes batteries flottantes (106).

Première décade de Prairial.

Rien ne peut bien peindre la cruelle proportion dans laquelle chacun des jours du mois
de prairial a multiplié les maux que Gênes a
soufferts par les effets de ce cruel blocus. Il
faudrait, pour présenter à cet égard un tableau fidèle et complet, analyser, pour ainsi
dire, les tourmens que l'on y a éprouvés, et
calculer le nombre des malheureux qui, pendant ces jours de douleurs, ont été immolés
à la nécessité, cette divinité terrible, devant

----

(106) A deux heures du matin, au moment où le
Général en chef traversait Campetto avec tout son
Etat-major, une bombe tomba à deux pas devant
lui, entraînant la moitié d'un balcon dans sa chute.
Malgré tout le fracas qu'elle fit, malgré tous ses
éclats, personne ne fut blessé.

laquelle tout plie , et qu'avec tant de raisons
les anciens disaient être de fer. Mais, sans
détailler cette affreuse situation, sans rappeler
les circonstances de ces désastres, sans d'é-
crire la faim dévorante, remplissant jour et
nuit les airs des cris du désespoir, les rues
de morts et de mourans ; sans parler de ces
victimes qui, faute de pain, ont terminé, dans
des réduits hideux , leur affreuse existence;
sans chercher des contrastes dans la rage des
uns, dans le morne et profond abattement
des autres ; sans scruter toutes les horreurs
de cette misère ; sans tracer le tableau de
tout un peuple pâle , défiguré, et livide, se dis-
putant les chevaux, qui, morts de maladie,
étoient transportés à la voirie; s'arrachant les
chiens, les chats, et les autres animaux do-
mestiques, et mangeant jusqu'à des souris,
des rats, et de l'herbe (107), la pâture des
bestiaux qui avaient été dévorés; sans s'éten-

(107) Ce mot est absolument exact; l'on peut même
ajouter que l'habitude de la nourriture la plus fru-
gale a rendu aux Liguriens cette extrémité moins
affreuse qu'elle ne l'eût été pour tout autre peuple.

Par besoin, les gens un peu aisés mangèrent jusqu'à des dragées , ce qui prouve combien la con-
sommation fut totale. A la fin, on ne voyait dans
les rues que des marchands d'oignons et de bonbons.

dre sur ce triste sujet, et sans développer davantage ces lugubres souvenirs, nous laisserons à chacun de nos lecteurs à se figurer quelles horreurs la famine doit avoir produite dans une enceinte de cent soixante mille ames, et où de tout tems il y eu beaucoup de pauvres. Mais ce qu'il y avait de plus cruel, c'est que, malgré tout ce que l'on avait pu faire, l'on était arrivé au moment où l'armée la partageait.

Lorsque les hostilités avaient commencé, on avaient rassemblé tout le grain et les légumes que l'on avoit pu découvrir, et l'on avait évalué à quinze jours la durée du blocus que Gênes pouvait soutenir.

Pendant ces quinze jours, on avait fait les recherches les plus sévères ; et, à force de fouiller, l'on avait rassemblé, en blé et en grenailles de toute espèce, de quoi substanter encore quinze autres jours, et le peuple et l'armée (108).

Ces efforts conduisirent au 15 floréal. A cette époque, un petit bâtiment, échappé

---

(108) Pour remplir cet objet, on avait enlevé tout le grain existant dans les dépôts connus à Porto-Franco, et sur tous les bâtimens du port ; on acheta ensuite à tout prix celui que l'on voulut vendre : enfin, on eut recours aux visites domiciliaires.

la surveillance de la flotte, nous apporta
du blé pour cinq jour; mais au 20, tous les
moyens s'épuisant, tout fut réservé pour
les troupes, les rations furent diminuées,
et l'on retrancha le pain qu'on donnait au
peuple. On ne lui conserva qu'un peu de soupe
d'herbe, et on le fit solder par les riches (109).
De cette manière, on arrêta des murmures qui
devenaient alarmans, en formant deux nouveaux partis dans la ville, ce qui était beaucoup gagner, et l'on substanta l'armée jusqu'au
premier prairial (110).

Mais alors les embarras les plus cruels se

---

(109) Les retards que la pénurie mettait dans la
manutention du pain que l'on donnait aux pauvres
habitans, faisaient que les distributions n'avaient lieu
que fort avant dans la nuit. Cette circonstance annullait les principales dispositions du réglement de
police : la mesure de solder les indigens mit fin à
cet abus.

(110) Tout le monde sait comment tant de villes
bloquées par mer, ont souvent obtenu des vivres,
par les hommes même chargés de les leur couper.
Aussi, et indépendamment de toutes les autres considérations, y avait-il bien de l'adresse au Gouvernement anglais, à avoir chargé du blocus de Gênes
un homme aussi riche que milord Keith, qui ne
pouvait plus connaître d'autre intérêt que celui de
sa gloire.

firent sentir. Il n'existait plus de quoi faire pour deux jours, le mauvais pain que l'on distribuait aux troupes. Dans cette extrémité le général en chef, qui pensait si justement, que gagner du tems était tout gagner, mit tout en œuvre pour prolonger l'agonie.

A cet effet, il fit ramasser tout ce qui existait en amandes, en graine de lin, en amidon, en son, en avoine sauvage, et en cacao; et amalgamant le tout, il en fit faire une composition que l'on donna au lieu de pain. Il est impossible de rien imaginer de plus mauvais et de plus dégoûtant que cette nourriture, que son défaut de manutention achevait de rendre encore plus exécrable; qui n'était qu'un mastic pesant, noir, amer, et tellement imbibé par l'huile du cacao et du lin, qu'il n'avait aucune consistance, et n'était susceptible d'aucune cuisson (111).

C'est ainsi que l'espérance consolatrice et le dévouement le plus rare, par des effets surnaturels, firent d'une part multiplier les ressources, et de l'autre, soutinrent le courage avec lequel les troupes supportèrent leurs privations, leurs fatigues, et leur misère, et firent

----

(111) On ne peut donner une idée de cette composition qu'en la comparant à de la tourbe imbibée d'huile.

recevoir, sans de trop vives plaintes, cette espèce de pain, auquel cependant si peu d'estomacs pouvaient résister (112).

Mais au milieu de tant d'embarras, pour mettre du moins le plus grand ordre dans les distributions, l'adjudant-général Gauthrin fut chargé de surveiller la distribution et la manutention du pain ; l'adjudant-général Dégiovani fut chargé de surveiller les distributions de la viande ; le chef d'escadron Hervo, faisant fonction d'adjudant-général, fut chargé de surveiller les distributions des liquides ; et le général Thiébault, chargé auprès du général en chef de toute sa correspondance militaire, le fut de même en ce moment, de recevoir tous les jours les rapports des corps sur les distributions qui leur étaient faites. Ce fut à-peu-près à la même époque, que l'on commença à remplacer en argent les diminutions que la disette forçait presque tous les jours de faire au poids des rations de pain.

Malgré les dispositions de sûreté prises par le général en chef pour contenir le peuple, il ne laissait pas cependant de donner des in-

____

(112) Les chiens vomissaient après avoir avalé de ce pain : chez les hommes, il ajoutait la fièvre à cette marque d'indigestion.

quiétudes, à cause de ses grandes souffrances (113). Mais aussi, semblable aux flots de
la mer qui s'élèvent et s'abaissent au gré des
vents qui les dominent, ce peuple s'agitait,
ou se calmait, suivant les bruits qui se ré-
pendaient.

Heureusement nous fûmes fort bien servis
par les nouvelles qui circulèrent pendant le
commencement de cette décade. Le premier
prairial, on assura que M. de Mélas, avec
partie de son armée, et deux mille hommes
de cavalerie, était arrivé à Voltri. Ce mou-

---

(113) Des enrôlemens secrets se font ; de nouveaux conciliabules se tiennent : dans le Bisagno,
on fait des projets pour assassiner le Général en
chef ; à Génes, on parle de l'empoisonner. On
répand des proclamations d'Assaretto , dans lesquelles il emploie les moyens de la persuasion et les
menaces : ces proclamations se colportent avec tant
de secret, que pour les connaître, le ministre de
la police en paye un exemplaire jusqu'à cinq louis.
On solde des femmes , des hommes et des enfans
pour courir les rues presque sans vêtemens , et en
jetant des cris aigus.

La sagesse et l'active surveillance du commandant
de la place , annullent, et font entièrement évanouir
ces vains projets enfantés par la perfidie, et dont
le peuple même , tout entier à l'attente de l'arrivée
de Bonaparte, ne parut pas s'occuper fortement.

vement

vement, qui semblait prouver une défaite, annulla l'effet du bombardement de Saint-Pierre
d'Aréna , que les barques napolitaines exécutèrent le soir du même jour.

Le 3, on donna comme certain que Bonaparte, avec une partie de son armée, avait
passé le Pô, et manœuvrait de manière à ôter
toute retraite à l'ennemi. Cette nouvelle fit
une grande sensation ; (le même jour, le tems
devenant orageux, renouvela encore l'espoir
de voir arriver du grain). Pour le 4, il se passa
dans une vaine attente de nouvelles, de secours, et de pain. On rapporta seulement que
beaucoup d'effets avaient été embarqués à
Sestri du Ponent, et que des convois considérables de mulets filaient vers le Levant.

Le 5, sur quelques avis secrets d'un mouvement insurrectionnel préparé pour la nuit,
le général en chef, entr'autres mesures , fit,
à une heure du matin, battre la générale ;
cette précaution déconcerta les factieux , et
la nuit se passa dans le calme.

Dans la journée du 5, on entendit des coups
de canons dans le lointain. Tout en craignant
que ce ne fût le feu de Gavi , on faisait des
vœux pour que ce fût au contraire celui de
l'armée de secours.

Le 6, le chef d'escadron Franceschi , aide-

N

de-camp du général Soult, arrive, et apporte
des dépêches de Bonaparte, qui donnent lieu
à la notice suivante, transmise officiellement
et de suite à l'armée et au Gouvernement
ligurien.

« L'officier que j'ai envoyé près du premier
» Consul à Paris, est revenu cette nuit.

» Il a laissé le général Bonaparte descendant
» le Grand-Saint-Bernard et ayant avec lui le
» général Carnot, ministre de la guerre.

» Le général Bonaparte me mande que du
» 28 au 30 floréal, il sera arrivé, avec toute
» son armée, à Yvrea, et que de-là il mar-
» chera à grandes journées sur Gênes.

» Le général Lecourbe fait en même tems
» son mouvement sur Milan, par la Valteline.

» L'armée du Rhin a obtenu de nouveaux
» avantages sur l'ennemi; elle a remporté
» une victoire décisive à Biberach, a fait beau-
» coup de prisonniers, et a dirigé sa marche
» sur Ulm.

» Le général Bonaparte, à qui j'ai fait con-
» naître la conduite des habitans de Gênes,
» m'a témoigné toute la confiance qu'il a en
» eux, et m'écrit : — *Vous êtes dans une po-*
» *sition difficile; mais ce qui me rassure,*
» *c'est que vous êtes dans Gênes. Cette*
» *ville, dirigée par un excellent esprit,*

» *et éclairée sur ses véritables intérêts,*
» *trouvera bientôt dans sa délivrance, le*
» *prix des sacrifices qu'elle a faits*». Signé
Massena.

Ces nouvelles rendent encore, pour quelques instans, un peu de ton aux esprits : mais les impressions des maux soufferts sont telles, que l'on ne sort plus que par momens de l'état d'affaissement dans lequel sont toutes les ames.

Cependant des avis nombreux annoncent, le 7 au soir, des mouvemens rétrogrades de la part de l'ennemi. Le général Massena, incapable de perdre un instant, ordonne, pour le lendemain, une reconnaissance sur Nervi, le Monte-Faccio, le Monte-Rati, et dans le Bisagno. Cette reconnaissance donne lieu à des combats très-vifs dans lesquels nos troupes se couvrent de gloire par la manière dont elles manœuvrent sous le feu le plus meurtrier, mais qui coûtent à l'armée un nombre considérable de braves, parmi lesquels on compte avec douleur le général de brigade Darnaud, grièvement blessé au-dessous du genou gauche (114) : les adjudans-généraux Hector et Noël Huard sont aussi blessés dans

______

(114) Le 11, on fut obligé de lui couper la cuisse.

cette journée vraiment fatale (115), ainsi que les citoyens Chanaud, lieutenant des gardes du général en chef, et l'aide-de-camp du général Darnaud.

Les rapports de tous les militaires prouvent que l'ennemi, qui par-tout a plié devant nous, a fait ce jour-là des pertes énormes en tués et blessés. Quant à ses forces, elles étaient ce qu'elles avaient toujours été depuis que le général Otto était resté chargé du blocus.

Le 9, la fermentation devient alarmante, des coups de fusils se tirent dans la ville; mais c'est de Liguriens à Liguriens. L'opposition entre les deux partis sauve l'armée.

Le bruit d'une grande victoire remportée dans le Piémont par Bonaparte, se répand (116) et se confirme. Elle fait reparaître quelques denrées; mais à un prix si excessif, que plusieurs personnes, au milieu de ces signes trompeurs d'abondance, meurent de faim dans les rues.

____

(115) Nous regrettons infiniment de n'avoir pas reçu les notes relatives à la conduite de l'adjudant-général Noël Huard, pendant ce blocus; nous avons seulement appris, par les notes envoyées à l'Etat-major-général, qu'il fut, dans cette journée particulièrement, d'un grand secours au général Miolis.

(116) Sans que l'on puisse découvrir comment elles

Le mécontentement éclate dans la 3ᵉ de ligne ; il y a des soldats qui brisent leurs armes au milieu de la place de Saint-Dominique

Tout prend une physionomie sombre.

Le 10, à une heure moins un quart du matin, le bombardement recommence d'abord très-vivement ; mais il ne dure qu'une heure et demie à-peu-près. Son effet est moindre qu'il n'a jamais été. Il se borne à conduire quelques centaines de femmes dans les rues et les promenades publiques (117) : à la pointe du jour tout le monde se retire, et le calme renaît.

Un petit bateau, chargé de soixante sacs

y arrivent, toutes les nouvelles se savent à Gênes avec une grande rapidité. Les premières maisons de cette ville, qui tour-à-tour étaient appelées à gouverner ce pays, contractaient des relations étendues et secrettes pendant le tems de leur autorité , se faisaient des créatures, et se ménageaient des moyens d'espionnage , qu'elles continuèrent à employer , mais avec tant de discrétion, que jamais on ne découvrit la source d'où partaient les nouvelles prématurées qu'on y apprennait.

(117) Près de la place Saint-Dominique , un tambour, en battant la générale , eut la tête coupée d'un boulet.

Un bourgeois eut la cuisse coupée d'un éclat de bombe.

de grains, venant de Corse, entre dans le port de Gênes. Le Patron de ce bateau annonce qu'il est suivi de quatorze autres, qui n'arrivent pas. Ce secours, quelque faible qu'il soit, paraît d'un favorable augure.

A onze heures du matin l'aide-de-camp du général Gazan arrive chez le général en chef, et le prévient que l'on entend le canon du côté de la Bochetta, et la fusillade du côté de Campo-Fredo.

Tous les officiers courent à leurs chevaux. Les uns se félicitent, les autres s'embrassent ; les figures de nos ennemis secrets s'alongent aux cris de joie des patriotes. Un mouvement nouveau anime tout Gênes. De l'étonnement on passe à l'enthousiasme, qui bientôt se change en délire. Déjà les troupes avaient pris les armes, et le général en chef était sur les hauteurs en avant de la 'Tenaille, pour voir si l'ennemi faisait quelque mouvement ; mais les trois camps qu'il avait sur la rive droite de la Polcevera, étaient dans leur état naturel. Partout il nous montrait ses forces ordinaires ; un orage lointain parut expliquer le bruit entendu, et après avoir presqu'acquis cette douloureuse certitude, tout le monde reprit ses positions ordinaires.

Ainsi se passa pour Gênes et l'armée, cette

journée si douce d'abord et ensuite si cruelle,
à cause du découragement qui succéda chez
tout le monde, à une espérance trompeuse,
à laquelle il en coûtait d'autant plus de renon-
cer, qu'on s'y était plus entièrement livré.

Quant au général en chef, il reçut dans cette
journée une demande d'entrevue de la part
des généraux Keith, Otto et Saint-Julien. Il
leur envoya l'adjudant général Andrieux pour
connaître les motifs de cette demande; elle
avait pour but la remise d'une lettre que M. de
Mélas écrivait au général Massena, pour lui
renouveller les offres de la capitulation la plus
honorable.

Le citoyen Andrieux ne se crut point auto-
risé à s'en charger du moment où il en connut
le contenu, et se borna à en rendre compte
au général en chef, pour lequel elle fut portée
dans la journée aux avant-postes français.

Accoutumé à ne traiter avec les ennemis
de son pays que les armes à la main, le premier mouvement du général en chef fut de
rejeter toute ouverture semblable; mais nous
étions arrivés au terme où Bonaparte savait
que nous devions tomber. Le moment où il
nous avait semblé pouvoir nous débloquer
était passé. Ayant toujours su se ménager les
moyens de faire ce qu'il a projeté ou résolu,

il semblait, à quelques militaires, que Gênes
n'était pas nécessaire à l'exécution de ses projets, puisqu'il ne débloquait pas cette place;
et que, pendant que le général Mélas mor-
celait son armée pour la couvrir, Bonaparte
marchait à des desseins plus grands. La diversion que la défense de Gênes avait fait faire
à l'ennemi, et qui avait facilité à l'armée de
réserve le débouché des Alpes, et son entrée
dans le Piémont et la Lombardie, pouvait être
tout ce que Bonaparte avait attendu de nous.
Le plan de campagne prouvait d'ailleurs que
le but du Gouvernement n'avait jamais été de
sacrifier l'armée d'Italie à Gênes; mais seulement de l'employer à tenir cette place autant
que cela serait possible; et, après-cela, d'occuper l'ennemi dans le Bas-Piémont, afin de
l'y envelopper ensuite. D'un autre côté, il
n'existait plus par homme une ration complète de cette composition, qu'à la place de
pain on donnait aux troupes, et qui, distri-
buée par faibles portions, ne pouvait mener
que jusqu'au 14. Presque tous les chevaux
étaient mangés; il était, au surplus, tems de
faire quelque chose pour des troupes qui, de
leur côté, avaient tout fait, et que la patrie
était si intéressée à conserver. Il était encore
également important de sauver tout un état-

major-général, et près de six mille malades **ou** blessés ; enfin, c'eût été faiblesse que de ne **pas** savoir supporter un revers, dont rien ne pouvait plus garantir, et que tous les efforts possibles avaient vainement concouru à prévenir ou à éviter.

Toutes ces considérations plus ou **moins** basées, mais qui toutes démontraient l'évidente nécessité de se conserver du moins l'avantage qu'offrait la démarche de l'ennemi, déterminèrent le général en chef à répondre que « *quoique cette ouverture fût préma-* » *turée, il se réservait cependant de* ***traiter*** » *de son objet, lorsqu'il s'en serait suffi-* » *samment occupé* ».

11 Prairial.

Avant une heure du matin le bombardement de Gênes était déjà recommencé ; mais il fut moins long et moins vif qu'à l'ordinaire. Le général en chef qui, aux premiers coups, se rendait toujours à la batterie de la Cave, et de-là à celle de la Lanterne, pour observer par lui-même tout ce qui se passait, tant au dedans qu'au-dehors de la place, se porta ce jour-là, de cette dernière place, au fort de l'Eperon, pour juger du bruit du canon que l'on croyait y entendre ; mais c'était encore l'illusion du desir, qui seule renouvellait cette erreur si douce. Après s'être assuré par lui-même de cette vérité, et par plusieurs généraux envoyés à cet effet de tous côtés, que l'ennemi tenait toutes ses positions ordinaires, et n'avait fait pendant la nuit aucun mouvement, il rentra vers sept heures chez lui.

Après les coups de canons, que beaucoup de personnes prétendaient toujours avoir entendus la veille, ce silence était vraiment accablant. Il était d'autant plus triste, que, d'après les interprétations générales, et les nouvelles reçues le 9, une reconnaissance, où une affaire d'avant-garde pouvaient avoir donné lieu à cette courte canonnade. Mais ne recevant avis de rien, et n'entendant plus rien, toutes ces conjectures s'évanouissaient, et nous retombions dans cette incertitude affreuse, qui est souvent plus cruelle que le malheur que l'on redoute..... Cependant nous nous disions encore..... Si le premier Consul avait seulement eu un premier défaut de succès, ou s'il rencontrait des obstacles capables de faire manquer son entreprise, MM. de Mélas et de Keith crieraient à la victoire, et le canon de toute la ligne et de toute la flotte, nous présagerait bientôt notre reddition prochaine et inévitable, et la prise certaine de Gênes, le but de tous les efforts de la coalition.

Mais la tranquillité de l'ennemi, et la sommation encore renouvellée le 10 au général Massena, dans laquelle on lui offrait les conditions les plus honorables, s'il voulait capituler, prouvent l'incertitude de l'ennemi, et doivent fortifier notre espérance. D'un autre côté, nous expliquions la non-venue d'espions ou d'avis, par les difficultés que les paysans révoltés devaient apporter à leur passage. En effet, on peut échapper à des soldats étrangers qui souvent ne savent pas même la langue du pays où ils font la guerre; mais on ne trompe pas des paysans qui connaissent également le langage, l'accent, les sentiers, et les figures, et qui, tous armés, sont toujours aux aguets. C'est ainsi que, variant nos conjectures, et cherchant à fixer ou seulement à reposer nos idées d'une manière satisfaisante, nous devenions plus ingénieux à nous créer des consolations, à proportion que nous en avions plus besoin, et que nous cherchions des côtés favorables aux indices les plus alarmans.

A midi le général en chef, qui a été instruit que les troupes murmurent et désertent, rassemble les chefs des corps chez lui. Il se fait rendre compte par eux de l'état de leurs corps. Il concerte avec eux les moyens d'y resserrer la discipline, que l'excès des souffrances y relâchait. Il fait des promotions; il charge les chefs de l'avancement de leurs sous-officiers, et les autorise même à casser ceux qui, dans cette circonstance difficile, ne justifieraient pas leurs promotions antérieures; enfin, il leur demande sur quoi il pourrait compter s'il se déterminait à tenter une trouée ?

A l'unanimité tous lui déclarèrent qu'il ne pouvait espérer être suivi que par des officiers, les soldats n'étant plus en état de soutenir un combat. C'était cependant une des dernières espérances du général en chef, et ce qu'il avoit secrètement résolu, s'il y était réduit (118). Afin de rendre un peu d'énergie

______

(118) Le plan du Général en chef, qui savait qu'il trouverait des vivres sur toute la rivière du Levant, était de laisser à Gênes le général Miolis avec les blessés et les malades, et seulement pour capituler, et de se rendre en Toscane avec toutes les troupes et tous les patriotes et réfugiés italiens en état de marcher; de séjourner dans les environs de Livourne le tems nécessaire pour y organiser un corps d'artillerie et un de cavalerie; pour y solder et refaire ses troupes, et de se porter ensuite à Naples, recrutant sur la route tous les patriotes de l'Italie, et

aux troupes, il leur adressa la proclamation
suivante :

« S o l d a t s,

» Les rapports qu'on me fait m'annoncent
» que votre patience et votre courage s'é-
» teignent ; qu'il s'élève quelques plaintes, et
» quelques murmures dans vos rangs ; que
» quelques-uns d'entre vous désertent à l'en-
» nemi, et qu'il se forme des complots pour
» exécuter des desseins aussi lâches.

» Je dois vous rappeler la gloire de votre
» défense dans Gênes, et ce que vous devez
» à l'accomplissement de vos devoirs, à votre
» honneur, et à votre délivrance qui ne tient
» plus qu'à quelques jours de persévérance.

» Que la conduite de vos généraux, et de
» vos chefs soit votre exemple : voyez – les
» partager vos privations, manger le même

---

complettant ainsi ses nombreux cadres : arrivé là,
de s'y établir, et d'y constituer un gouvernement
républicain sur les ruines de la tyrannie anarchique,
qui désole ces contrées malheureuses. Tous les ordres
pour ce mouvement étaient écrits et cachetés ; les
instructions les plus détaillées y étaient jointes, lorsqu'il abandonna cette idée. Il y a plus même : tous
les choix pour occuper les principales charges du
nouvel état, étaient faits.

» pain , et les mêmes alimens que vous ;
» songez encore que pour assurer votre sub-
» sistance , il faut veiller le jour et la nuit.
» Vous souffrez de quelques besoins phy-
» siques , ils souffrent ainsi que vous , et ont
» de plus les inquiétudes de votre position.
» N'auriez-vous fait jusqu'à ce jour tant de
» sacrifices , que pour vous abandonner à des
» sentimens de foiblesse ou de lâcheté ? Cette
» idée doit révolter des soldats français.

» Soldats , une armée commandée par Bo-
» naparte marche à nous ; il ne faut qu'un
» instant pour nous délivrer ; et cet instant
» perdu , nous perdrions avec lui le prix de
» nos travaux , et un avenir de captivité et
» de privations bien plus amères s'ouvrirait
» devant vous.

» Soldats , je charge vos chefs de vous ras-
» sembler , et de vous lire cette proclamation :
» j'espère que vous ne donnerez pas à ces
» braves si respectables par leur vertu , et
» dont le sang a coulé si souvent en combat-
» tant à votre tête , à ces braves qui ont toute
» mon estime , et qui méritent toute votre
» confiance , la douleur de m'entretenir de
» nouvelles plaintes , et à moi celle de punir.
» L'honneur et la gloire furent toujours les
» plus puissans aiguillons des soldats français ,

» et vous prouverez encore que vous êtes
» dignes de ce titre respectable.

» Cette proclamation sera mise à l'ordre,
» et lue à la tête des compagnies ».

Signé, MASSENA.

12 et 13 Prairial.

Jamais besoin de nouvelles ne fut plus grand; jamais silence ne fut plus complet ni plus accablant.

Quelques bruits vagues se répandent que six espions de Bonaparte ont déjà été arrêtés autour de Gênes, et fusillés par l'ennemi, et que la crue des eaux du Pô retarde la marche et les opérations de l'armée de secours, qui, le 3, était cependant rassemblée à Yvrea. C'est tout ce qui parvint jusqu'à nous, encore avec tous les caractères de l'incertitude.

Ce qui malheureusement était trop évident, c'était l'accroissement des maux de toute espèce, le progrès des maladies, le nombre effrayant des morts dont la famine semait les rues, le tableau de la misère la plus affreuse (119); enfin celui du découragement,

----

(119) J'ai vu des personnes si profondément affectées de la vue de tant d'horreurs, que hors de

de la tristesse, du mécontement, et du désespoir qui se manifestait également sur les
visages décolorés des habitans et des militaires.

Au milieu de tant d'horreurs, deux prêtres
connus pour être patriotes, sont assassinés chez
eux vers dix heures du matin, et à côté de la
demeure du général en chef.

Mais enfin touchant au manque total de
subsistances de tout genre, et ayant perdu
tout espoir d'être secouru à tems, l'adjudant-
général Andrieux, sous le prétexte d'une
entrevue relative aux prisonniers, fut chargé
d'aller recevoir à Rivarolo les propositions
de l'ennemi, et d'entrer en négociation.

Le premier mot de l'ennemi fut que la
capitulation qu'il offrait était, que l'armée

Gênes, le mot seul de *faim* leur faisait encore mal
à entendre ou à prononcer.

J'ai vu à Antibes et à Nice des personnes reve-
nant de Gênes, s'arrêter stupéfaites devant des boutiques où l'on vendait du pain, ne pouvant s'ac-
coutumer à la vue de ces signes d'abondance. J'en
ai vu souffrir de voir à Nice émietter du pain à
une table : il y a enfin des officiers qui, à leur
premier repas à Nice, ont tenu table sept heures,
mangeant, au grand étonnement de tous les gens de
l'auberge, tout ce qu'on put leur apporter.

retournât

retournât en France, mais que le général restât prisonnier de guerre.

« *Vous valez vingt mille hommes, écri-*
» *vait M. Keith au général Massena* ».

Mais ce dernier, déterminé à mourir plutôt les armes à la main (120) qu'à consentir
à rien qui ne fût digne de lui, répondit à cette
première proposition, en déclarant qu'aucune négociation ne serait jamais ouverte,
si le mot de capitulation devait y être employé.

14 Prairial.

Les généraux ennemis s'étant départis de
leurs premières prétentions, les négociations
reprirent : le 14 à midi, les plénipotentiaires
ennemis ayant fait des propositions sur lesquelles l'adjudant - général Andrieux n'avait

---

(120) Toute l'armée était convaincue d'avance de
la résistance terrible que ferait le général Massena :
l'anecdote qui suit le prouve.

Deux grenadiers voyaient filer sur Livourne quelques barques, que l'on disait transporter la garnison
de Savone... *Ah ! disait l'un, je crois que nous
ne tarderons pas à la suivre.........* *A la
suivre,* reprit l'autre ? *Avait de se rendre, le Général en chef nous aura fait manger jusqu'à ses
bottes.*

pas de pouvoirs , ce dernier les soumit par une note au général en chef, qui lui fit parvenir, par l'entremise du citoyen Morin , ses ordres à cet égard. Le citoyen Morin pris dès ce moment part à la négociation en qualité de secrétaire du général en chef. Cette adjonction fut d'autant plus heureuse pour l'armée, qu'elle mit dans cette opération si importante, un homme qui , par la manière dont il seconda l'adjudant-général Andrieux, justifia dans cette circonstance , l'idée avantageuse que l'armée avait déjà de ses talens et de sa capacité.

La ville resta calme ; la publicité des négociations contribua à cette tranquillité ; car les souffrances étaient horribles (121). Tous les traits étaient décomposés , toutes les figures portaient l'empreinte d'un sombre désespoir ou d'une profonde douleur ; les rues retentissaient des cris les plus déchirans ; de tous côtés

---

(121) Cet état de douleurs produisit même un effet moral qui mérite d'être consacré : cet effet est que le prolongement de maux insupportables , avait fini par isoler tout le monde ; on ne se tenait plus que par l'appréhension de l'avenir , et le besoin de concourir mutuellement à la défense commune : il n'y avait réellement plus d'autres liens que ceux du malheur.

la mort multipliait ses victimes, et la faim dévorante exercait des ravages effrayans (122). On
ne peut s'empêcher de l'observer ici, la conduite de cette malheureuse ville de Gènes laisse
un grand exemple de résignation ! Qui pourra
jamais croire, en effet, que cent soixante
mille ames si long-tems en proie à toutes les
horreurs de la famine, voyant mourir de besoin un nombre prodigieux de vieillards et
d'enfans, réduits à vivre d'herbes, de racines,
et d'animaux immondes ou morts de maladie,
et malgré le dépérissement évident de leur
santé, aient préferé de prolonger tant de calamités, plutôt que de tenter une révolte contre une troupe faible par son nombre, mais
bien plus faible par son état physique, et
pendant que de tous côtés, on excitait ce
même, peuple à profiter de l'anéantissement
de l'armée pour terminer, disait-on, les souffrances de tous (123); effet à jamais remar-

____

(122) Pendant ce blocus, le jour naissant a souvent éclairé dans Gènes d'horribles tableaux !....
A différentes reprises, il est arrivé de trouver à ces
heures, des mères mortes de faim, ayant au sein
des enfans morts comme elles !....

(123) Des Français même furent assez scélérats
pour partager ce rôle infame, pour provoquer le
massacre de l'armée, et peindre, sous les couleurs

quable de ce que peuvent sur un peuple les inimitiés nationales , et la haine des Génois contre le gouvernement autrichien.

Mais il y a plus à cet égard : c'est que le peuple , sans argent faute de travail , sans alimens à cause du prix excessif du peu de denrées que l'on voyait (124), réduit à la misère la plus hideuse , et livré à toutes les calamités auxquelles une épidémie désastreuse mettait le comble , n'a jamais enlevé un pain, ni dans les boutiques , ni dans les rues de Gênes ; et que plus de quinze milles ames ont ainsi expiré de besoin à côté du pain qui aurait (momentanément du moins) pu les arracher au tombeau.

---

les plus noires, la conduite héroïque du Général en chef. Quant au peuple, les privations l'avaient à la fin tellement détruit, que faute de forces physiques, il était réellement hors d'état de tenter un mouvement , même contre nos débiles soldats.

(124)   A la fin du blocus , on vendait le
pain. . . · 30 fr. la liv.
Une poule. . . 32 fr.
Un œuf. . . .   2 fr.
La viande . . . 6 fr. la liv.
Un oignon. . .   1 fr.
Le beurre . . . 10 fr. la liv.
&c. &c. &c.

Dans cette journée du 14, les principaux articles du traité d'évacuation furent arrêtés, et signés par l'adjudant-général Andrieux, le capitaine anglais de Bivern, et de Best, colonel de l'état-major-général de l'armée impériale; et l'on convint de part et d'autre que les chefs des armées se réuniraient le lendemain 15, pour la clôture des conférences, et la signature définitive des articles.

15 Prairial.

Le 15, à neuf heures du matin, cette conférence eut lieu dans la petite chapelle qui est au milieu du pont de Cornégliano, et qui, par la position respective des armées, se trouvait entre les postes français et autrichiens.

C'est là que se réunirent le général Massena, commandant en chef l'armée française en Italie (accompagné de l'adjudant-général Andrieux, et du citoyen Morin); et milord Keith, commandant dans la Méditerranée les forces navales combinées, le général Otto, commandant le blocus de Gênes, et le général Saint-Julien, chargé de la partie politique, chacun d'eux suivis de deux au trois personnes seulement.

Pendant toute cette entrevue, qui allait

3

décider du sort de tant de braves , le général Massena conserva une fraîcheur d'idées si parfaite , et une gaité si bien soutenue , qu'il fut toujours également fécond, et heureux en saillies.

Jamais négociateur ne couvrit plus d'adresse par des formes plus franches et plus naturelles.

Cette aisance parfaite , et qui contrastait d'une manière si particulière avec la gravité des autres contractans, eut pour l'armée l'avantage de persuader à l'ennemi que notre position dans Gênes n'était pas aussi désespérée qu'elle l'était réellement ; et pour le général Massena , celui de lui faire obtenir tout ce qu'il demanda, en même tems qu'elle lui fit jouer et soutenir seul le premier rôle avec des hommes qui , par les circonstances, semblaient momentanément appelés à le partager.

Un des moyens par lesquels il parvint au but qu'il s'était proposé, fut d'alimenter la mésintelligence qu'il savait exister (quant aux individus) entre les Anglais et les Autrichiens (125) ; et c'est ainsi que flattant à-

---

(125) Il était instruit que les Anglais faisaient aux Autrichiens les reproches les plus insultans sur la

propos l'orgueil des uns aux dépens de l'amour-propre des autres (126), il se fortifia des faiblesses de tous.

Si le peuple de Gênes avait soutenu d'une manière héroïque les privations, et toutes les horreurs auxquelles la longueur du blocus l'avait réduites, l'histoire n'omettra pas sans doute de faire mention de la chaleur avec laquelle le général Massena traita des intérêts de la Ligurie dans cette conférence. Il fit pour ce peuple tout ce qu'il lui fut possible de faire ; et, dans l'intention de plaider plus fortement sa cause, il avait conduit avec lui le citoyen Corvetto, ligurien, homme de loi, d'une grande érudition, et de beaucoup d'esprit (127).

---

longueur du siége : les Autrichiens en effet n'ont rien fait pour l'évacuation de Gênes.

(126) D'après ce plan, il lui arriva de dire à M. Keith : *Laissez arriver un peu de bled à Gênes, monsieur l'amiral, et je vous donne ma parole que ces messieurs* (montrant les Généraux autrichiens), *n'y mettront jamais les pieds.*

Vers la fin de la conférence, il lui dit encore.... *Milord, si la France et l'Angleterre pouvaient jamais s'entendre, elles gouverneraient le Monde.*

(127) Comme le Général en chef insistait vivement sur un point relatif au Gouvernement de la Ligurie, M. le général de Saint-Julien lui objecta *les instructions de l'Empereur sur les changemens*

Relativement à l'armée, une seule clause donna lieu ce jour-là à une vive discussion, et manqua d'annuller en un moment le travail de plusieurs jours de négociations.

Cette clause fut celle de faire partir huit mille hommes de nos troupes par terre (128). Le général Otto voulut même soutenir le refus d'y adhérer..... Mais le général Massena, reprenant tout-à-coup la fierté qui convenait à son rôle, à son caractère, et à son nom, termina cette contestation en rompant tout-à-coup une conférence, qui cependant était sa dernière ressource. Ses adieux aux généraux ennemis furent, *vous ne le voulez pas? eh bien, mesieurs, à demain.* Cette fermeté, la manière dont son parti fut pris en imposèrent. Il fut rappelé, et l'article passa (129).

à y opérer. . . Ce fut alors que le général Massena lui dit : *Eh bien, monsieur, vos opérations seront aussi peu solides que leur projet a été prématuré; et je vous donne ma parole d'honneur qu'avant vingt jours je suis devant Gênes. — Vous y trouverez, monsieur le général, des hommes auxquels vous avez appris à la défendre,* répondit avec esprit un des officiers ennemis.

(128) C'est-à-dire, tout ce qui n'était pas dans les hôpitaux.

(12) On nous avait bien assuré que le général

Dans toute cette conférence, le général Massena eut infiniment à se louer de l'honnêteté de l'amiral Keith, qui, insistant toujours pour qu'on lui accordât tout, répétait à chaque instant : *M. le général, votre défense est trop héroïque pour que l'on puisse rien vous refuser.* Il lui donna même des marques toutes particulières de déférence, d'estime et de considération (130).

Massena était vif (dit alors un officier autrichien); mais nous ne pensions pas qu'il le fût autant que cela.

(130) Le Général en chef voulait emmener les cinq corsaires français qui se trouvaient à Gênes; et contre cette demande, le vice-amiral Keith alléguait les dispositions d'un bill *que vous n'êtes pas tenu de connaître,* disait-il au général Massena ; *mais que je dois respecter : d'ailleurs, monsieur le général,* ajoute-t-il, *nous avons, vous le savez, un parlement et deux partis en Anglererre.* Ces raisons étaient trop bonnes, pour être combattues par des raisons, et le général Massena le sentit ; mais reprenant le ton de la plaisanterie... *Monsieur l'amiral,* lui dit-il, *quelle satisfaction la prise de quelques chétifs corsaires peut-elle ajouter pour vous à la prise de Gênes, qui est votre ouvrage... Allons, milord, après nous avoir enlevé tous les gros, c'est bien le moins que vous me laissiez les petits. Eh bien, monsieur le général,* répliqua l'amiral Keith, *n'en parlons plus.*

Mais malgré tout ce que ce traité d'évacuation avait d'honorable et par le fond, et par les formes que les généraux ennemis y mirent, il ne convenait point au général en chef, et contrariait ses desirs et ses espérances, ses vœux et ses desseins. Aussi la possibilité de recevoir encore pendant la journée quelques nouvelles qui changeassent sa situation, le détermina-t-elle à ne signer que vers la nuit, et après avoir vingt fois répété aux Génois qui remplissaient ses appartemens : *Malheureux, sauvez donc encore votre patrie ! Donnez-moi ou assurez-moi quelques vivres pour quatre ou cinq jours seulement, et je déchire le traité.*

Mais tout était épuisé, le courage des individus et les ressources publiques, et ce traité d'évacuation était le seul moyen qui restât au monde, pour ne pas perdre avec Gênes, que rien ne pouvait sauver, les débris des corps qui l'avaient défendue d'une manière si étonnante.

Enfin, à sept heures du soir, le général Massena signa le traité suivant, et l'on se donna réciproquement des otages.

NÉGOCIATION pour l'évacuation de Gênes par l'aile droite de l'armée française, entre le vice-amiral lord Keith, commandant en chef la flotte anglaise, le lieutenant-général baron d'Ott, commandant le blocus, et le général en chef français Massena.

A R T. Ier.

L'aile droite de l'armée française, chargée de la défense de Gênes, le Général en chef, et son Etat-major, sortiront avec armes et bagages pour aller rejoindre le centre de ladite armée.

Réponse. L'aile droite chargée de la défense de Gênes, sortira au nombre de 8110 hommes, et prendra la route de terre pour aller par Nice en France. Le reste sera transporté par mer à Antibes : l'amiral Keith s'engage à fournir à cette troupe la subsistance en biscuits, sur le pied de la troupe anglaise. Par contre, tous les prisonniers autrichiens faits dans la rivière de Gênes, par l'armée de Massena dans la présente année, seront rendus en masse. Se trouvent exceptés ceux déjà échangés au terme d'à-présent; au surplus, l'article 1er sera exécuté en entier.

A r t. I I.

Tout ce qui appartient à
ladite aile droite , comme
artillerie et munitions en
tous genres , sera trans-
porté, par la flotte an-
glaise, à Antibes ou au
golfe de Jouan.

Rép. Accordé.

A r t. I I I.

Les convalescens , et
ceux qui ne sont pas en
état de marcher , seront
transportés par mer jus-
qu'à Antibes ; et nourris,
ainsi qu'il est dit dans
l'art. 1er.

Rép. Ils seront trans-
portés par la flotte an-
glaise , et nourris.

A r t. I V.

Les soldats français res-
tés dans les hôpitaux de
Gênes, y seront traités
comme les Autrichiens ;
à mesure qu'ils seront en
état de sortir , ils seront
transportés, ainsi qu'il est
dit dans l'art. 3.

Rép. Accordé.

A r t. V.

La ville de Gênes, ainsi
que son port, seront dé-
clarés neutres : la ligne

Rép. Cet article, rou-
lant sur des objets pure-
ment politiques, il n'est

qui déterminera sa neutralité sera fixée par les parties contractantes.

Art. VI.

L'indépendance du peuple ligurien sera respectée ; aucune puissance actuellement en guerre avec la république ligurienne, ne pourra opérer aucun changement dans son gouvernement.

Art. VII.

Aucun Ligurien ayant exercé ou exerçant encore des fonctions publiques, ne pourra être recherché pour ses opinions politiques.

pas au pouvoir des généraux des troupes alliées d'y donner un assentiment quelconque. Cependant, les soussignés sont autorisés à déclarer que sa majesté l'Empereur s'étant déterminée à accorder aux habitans de Gênes son auguste protection, la ville de Gênes peut être assurée que tous les établissemens provisoires que les circonstances exigeront, n'auront d'autre but que la facilité et la tranquillité publique.

Rép. Comme à l'art. précédent.

Rép. Personne ne sera molesté pour ses opinions, ni pour avoir pris part au gouvernement précédent à l'époque actuelle.

Les perturbateurs du

repos public, après l'en-
trée des Autrichiens dans
Gênes, seront punis con-
formément aux lois.

Art. VIII.

Il sera libre aux Fran-
çais, Génois, et aux Ita-
liens domiciliés ou réfu-
giés à Gênes, de se retirer
avec ce qui leur appar-
tient, soit argent, mar-
chandises, meubles, ou
tels autres effets, soit par
la voie de mer ou par
celle de terre, par-tout où
ils le jugeront convenable;
il leur sera délivré, à cet
effet, des passe - ports;
lesquels seront valables
pour six mois.

Rép. Accordé.

Art. IX.

Les habitans de la ville
de Gênes seront libres de
communiquer avec les
deux rivières, et de con-
tinuer de commercer libre-
ment.

Rép. Accordé, d'après
la réponse à l'art. 5.

Art. X.

Aucun paysan armé ne

pourra entrer ni indivi-
duellement , ni en corps
à Gênes.

Rép. Accordé.

A R T. X I.

La population de Gênes
sera approvisionnée dans
le plus court délai.

Rép. Accordé.

A R T. X I I.

Les mouvemens de l'é-
vacuation de la troupe
française , qui doivent
avoir lieu conformément
à l'art. 1ᵉʳ, seront réglés
dans la journée entre les
chefs de l'Etat-major des
armées respectives.

Rép. Accordé.

A R T. X I I I.

Le général autrichien ,
commandant à Gênes , ac-
cordera toutes les gardes
et escortes nécessaires
pour la sûreté des embar-
cations des effets appar-
nans à l'armée française.

Rép. Accordé.

A R T. X I V.

Il sera laissé un com-
missaire français pour le
soin des blessés et ma-
lades, et pour surveiller

Rép. Accordé.

leur évacuation : il sera
nommé un autre commis-
saire des guerres, pour
assurer, recevoir, et dis-
tribuer les subsistances de
la troupe française, soit
à Gênes, soit en marche.

A r t. X V.

Le général Massena en-
verra en Piémont, ou par-
tout ailleurs, un officier
au général Bonaparte,
pour le prévenir de l'évacuation de Gênes; il lui
sera fourni passe-port et
sauve-garde.

Rép. Accordé.

A r t. X V I.

Les officiers de tous
grades de l'armée du Gé-
néral en chef Massena,
faits prisonniers de guerre
depuis le commencement
de la présente année, rentreront en France sur pa-
role, et ne pourront servir
qu'après leur échange.

Rép. Accordé.

Articles additionnels.

La porte de la Lanterne, où se trouve le pont-
levis, et l'entrée du port, seront remis à un détachement de la troupe autrichienne, et à deux vaisseaux
anglais

anglais, aujourd'hui 4 mai, à deux heures après midi.

Immédiatement après la signature, il sera donné des ôtages de part et d'autre.

L'artillerie, les munitions, plans, et autres effets militaires appartenans à la ville de Gênes et son territoire, seront remis fidèlement par les commissaires français, aux commissaires des armées alliées.

FAIT double sur le pont de Cornegliano, le 4 mai 1800.

Signé, B. D'OTT, lieutenant-général.

KEITH, vice-amiral, commandant en chef.

Le 15 au soir, la porte de la Lanterne fut occupée par deux bataillons hongrois.

Le chef d'escadron Burthe fut chargé de porter au premier Consul les drapeaux pris par l'armée.

Une partie de la nuit du 15 au 16 fut employée à délivrer des passe - ports à tous les réfugiés et patriotes italiens.

Le 16, avant le jour, le chef de bataillon Graziani, chargé par le général Massena de porter au premier Consul, copie du traité d'évacuation, partit de Gênes à cet effet (151).

---

(131) Il avait été convenu que cet officier traverserait le Piémont pour arriver plus vîte, et que le général Otto lui ferait donner à cet effet toutes les facilités.

P

Le 16, à la pointe du jour, tout le quartier-général partit pour Antibes sur cinq corsaires français.

La division Gazan se rendit le même jour à Voltry (132).

L'embarquement des troupes du général Miolis commença et continua les 17, 18 et 19.

L'évacuation des hôpitaux fut plus longue, mais se fit de même avec ordre.

Telle fut la fin de ce blocus à jamais mémorable (133). L'histoire des guerres de la

----

(132) Les militaires en état d'embrasser l'ensemble d'une grande opération, et de sentir les rapprochemens qu'elle présente, ne pourront se lasser d'approfondir tout ce qui tient au blocus de Gênes, et à ce début de notre campagne en Italie. Ces raprochemens offrent en effet des détails infiniment curieux.

Par exemple, les Autrichiens évacuaient toute la rivière du Ponent, pendant que les Français évacuaient Gênes. La division Gazan passa au milieu d'un ennemi en déroute. De tous côtés l'on était battant et battu; jamais armées ne furent plus mêlées, et leur fortune plus singulière.

(133) A bien examiner les conditions du traité d'évacuation, il semble que les ennemis aient cherché à se montrer dignes des avantages que les malheurs de notre situation leur procuraient sur nous, et qu'ils n'obtinrent en effet que lorsque nous ne pûmes plus combattre.

révolution n'offre pas de lutte plus glorieuse. Eh ! qui ne voit que, dans cette lutte, tout militait en faveur de l'ennemi, auquel nous n'avions à opposer qu'un courage invincible ? Vérité sur laquelle la série des faits que nous venons de parcourir, ne peut laisser aucun doute ; vérité qui est reconnue et avouée par les amis et les ennemis de la gloire française, par ceux qu'elle console et qu'elle honore, comme par ceux qu'elle doit le plus humilier ; vérité qui est également évidente, soit que nous nous rappelions la situation des deux armées avant le blocus, soit que nous les examinions pendant le blocus même (134).

---

(134) Si nous reportons les yeux sur ce que les armées étaient en Italie avant la reprise des hostilités, nous trouverons,

1°. Que dans la Ligurie où l'armée était reléguée, sa position militaire consistait dans l'occupation d'une langue de terre de cinquante lieues de long, qui, -entre la mer, dont l'ennemi était entièrement le maître, et la ligne de ses troupes sur la frontière du Piémont, n'avait pas, en avant de Savone sur - tout, quatre lieues de large, et que l'ennemi au contraire était par-tout appuyé à de bonnes places.

2°. Que pour parcourir l'arc que l'armée faisait par la ligne qu'elle occupait, c'est-à-dire, pour aller de la droite à la gauche, il y avait sept ou huit jours de marche, et des routes horribles, à peine

Qui pourra donc jamais citer ce blocus sans
que l'orgueil national en soit flatté ; se rap-

---

particables pour des chevaux, et très-peu sûres à
suivre, et que l'ennemi avait par-tout des communications toujours sûres et rapides.

3°. Qu'en cas de revers, d'un côté la longueur
et la difficulté des communications, et la facilit
d'être coupés ; de l'autre, la présence d'une nombreuse flotte ennemie, pouvaient, en un moment,
ôter à l'armée tout moyen de retraite ; circonstanc
qui seule rendait la position si vicieuse, que même
avec une armée victorieuse, il ne semble pas qu'on
eût pu la tenir sans audace, sur-tout devant un ennemi qui était maître de tous ses mouvemens.

4°. Que nos soldats étaient nus au milieu du plus
grand froid, et sans chaussure au milieu des rochers ;
et que ceux des Autrichiens étaient abondamment
pourvus de tout dans un pays bien moins rigoureux.

5°. Que par l'effet d'une pénurie produite par un
long abandon, et inconnue chez l'ennemi, nos soldats,
en proie à tous les besoins, sans secours d'aucune
espèce, voyaient chaque jour augmenter leur arriéré
de solde.

6°. Que nos troupes affamées n'avaient pas le plus
souvent une distribution assurée d'avance, et ne
recevaient jamais qu'une partie de leurs rations,
tandis que l'ennemi avait par-tout de vastes magasins, et des distributions réglées et abondantes.

7°. Qu'il n'y avait dans notre armée ni officiers
de santé en nombre suffisant, ni hôpitaux fournis
de choses nécessaires et de médicamens, ni moyens

peler sans une noble satisfaction d'en avoir
partagé les travaux ; et y penser sans étonnement ?

---

de transports pour les blessés, tandis que rien de
tout cela ne manquait à l'ennemi.

8°. Que naturellement défians par un résultat naturel de notre faiblesse et de nos revers, nous avions
passé tout l'hiver dans d'horribles bivouacs, et pour
ainsi dire, constamment en campagne, achevant ainsi
de nous détruire, dans le même tems que l'ennemi,
tranquille de sa force et de ses victoires, et se bor-
nant à nous faire observer par un simple cordon,
avait fait cantonner toute son armée, et l'avait entièrement refaite.

9°. Que nos soldats étaient usés, découragés, et
languissans, tandis que les siens étaient frais, reposés,
et tout prêts pour la guerre.

10°. Que nos soldats ne voyaient dans la Ligurie
que des rochers, un pays de misère et de douleur
à défendre, et que ceux de l'ennemi voyaient par-
tout Gênes à conquérir.

11°. Que l'ennemi, aussi bien servi que nous
l'étions mal, connaissait parfaitement notre position,
notre embarras, et notre faiblesse, et avait eu l'art
de nous cacher sa force, l'état de ses troupes, et
ses moyens de défense.

12°. Que de nombreuses recrues avaient recom-
pletté tous ses corps, tandis que les maladies avaient
presqu'achevé d'anéantir les nôtres.

13°. Que nous n'avions ni crédit, ni argent, et
ue l'ennemi avait l'un et l'autre.

Le général Massena , après avoir prévenu le Gouvernement de tout, ne peut bientôt plus

---

14°. Que l'ennemi attaquait, et que nous étions prévenus.

15°. Enfin, que nous n'avions pas plus de deux mille combattans depuis Novi jusqu'au Mont-Cenis, et que, sans compter les troupes que la flotte anglaise avait à bord, et qu'en partie elle débarqua à Vado ; sans compter les Calabrois et Toscans qui arrivèrent successivement contre nous ; sans compter les levées en masse du Piémont et des principales vallées de la Ligurie ; sans compter toute la cavalerie autrichienne, et une immense artillerie, qui restèrent dans le Piémont, l'ennemi entra contre nous en campagne avec 72,000 hommes d'infanterie.

Si, après cet examen, nous arrêtons nos regards sur la situation des troupes qui ont attaqué et défendu Gênes, c'est-à-dire, sur les armées respectives pendant son blocus, nous verrons d'un côté l'ennemi conserver sur nous toute la supériorité que peut donner le nombre et l'état le plus parfait des troupes, et se fortifier même par notre misère qui croissait toujours, et par les épidémies, tristes fruits de la famine qui continuait de nous dévorer et de nous épuiser ; et de l'autre , nous verrons le général Massena soutenir une lutte aussi inégale avec une poignée de braves succombant à d'insupportables privations, et à des fatigues au-dessus des forces humaines, anéantis par de trop longues souffrances , et n'ayant plus, pour les aider à résister à leurs glorieuses fatigues, que le sentiment de leur ancienne

(en sacrifiant tout ce qui le concerne per-
sonnellement), qu'attendre l'ennemi dans ses
positions.

N'ayant plus pour appui que huit mille
combattans courageux mais débiles , il re-
prend, le 17 germinal , par l'effet d'une manœuvre inattendue, et avec une perte énorme
pour l'ennemi , le poste de Monte - Faccio ,
dont le dernier s'était emparé la veille ; il va
jusqu'aux portes de Savonne disputer la victoire à plus de trente mille hommes choisis
dans la plus belle armée du monde , et tient

énergie, la confiance que méritaient leurs chefs , et
les exemples qu'ils en recevaient sans cesse : enfin ,
nous le verrons, par la force seule de son énergie,
et pendant soixante jours, prolonger , par des efforts
inimaginables, une agonie que rien ne peut décrire ,
de manière à en donner une idée complette.

Ce parallèle servira à faire sentir combien sont
étonnans et honorables pour le Général en chef et
pour les braves qui l'ont secondé, les combats qu'il
a soutenus contre un ennemi, qui, d'après les lois
de la gravité, devait l'écraser par la seule force de
son poids ; et combien sont plus étonnantes encore
les victoires brillantes qu'il a remportées sur tant
de points, où sa perte semblait être écrite, où il a
trompé toutes les attentes de l'ennemi, et sur lesquels
il a changé des rochers arides et inconnus, en des
monumens éternels de gloire et de triomphe.

4

campagne pendant quinze jours : les braves
qu'il commande tuent ou blessent plus de
huit mille hommes à l'ennemi ; se reploient
autour de Gênes, sans que M. de Mélas par-
vienne à les couper ; ramènent plus de six mille
prisonniers, et y rapportent entre autres dé-
pouilles sept drapeaux, et cinq pièces de canon, gages de leur victoire.

Tandis que des détails d'administration et
de gouvernement absorbent ensuite le général
en chef, et que par des travaux pénibles il
se crée des ressources en tous genres, l'ennemi, qui regarde son inaction comme une
preuve de la faiblesse de ses troupes, vient
l'attaquer de nouveau (135) : et semblable au
volcan dont les irruptions soudaines portent
la flamme et la mort dans tous les lieux qui
l'avoisinent, cette poignée de héros, se rap-
pelant son audace indomptée, multiplie encore ses victoires, lorsqu'elle semble réduite
à une simple défensive, repouse l'ennemi par-
tout où il se présente, l'attaque encore (136),
le force à chercher sa sûreté derrière de nombreux retranchemens (137) ; le bat par-tout

---

(135) Le 3 floréal à Saint-Pierre-d'Arena, et le
10 floréal sur tous les points.

(136) Affaire des 12, 21, 23 floréal et 8 prairial.

(137) Il se présente ici une observation qui mérite

où elle peut le combattre , ou du moins lui fait éprouver , à différentes reprises, des pertes énormes , et force de cette manière, à l'étonnement et à l'admiration , les ennemis les plus acharnés du nom français et de la cause de la liberté (138). Qui pouvait jamais rien attendre

---

d'être recueillie. C'est que dans le blocus de Gênes, les vainqueurs sont les seuls pour lesquels il n'y ait rien eu d'honorable. En effet, vu les forces avec lesquelles ils agissaient, il n'y a point eu de mérite pour les Autrichiens à couper notre ligne et à nous enfermer dans Gênes : ce résultat n'est rien pour leur gloire, tandis que leurs pertes sont tout pour leur honte. L'on peut même ajouter que si, dans les dernières affaires, l'avantage a été moins prononcé en notre faveur, c'est que la position des ennemis, les ouvrages dont ils les avaient couverts, et les pièces dont ils les avaient hérissés, valaient mieux que leurs troupes.

Quant aux Anglais, s'ils se glorifient jamais de leur promenade devant Gênes, on pourra leur citer ce vers si connu. . . .

A vaincre sans péril, on triomphe sans gloire.

(138) On voit, par ce rapprochement à quelle diversion puissante cette défense offensive de Gênes, (si cette expression peut être admise), força l'armée impériale, et combien elle dut favoriser toutes les opérations de l'armée de Secours, conduite par Bonaparte, et celle du centre de l'armée d'Italie, commandée par le général Suchet.

Il est en effet reconnu que par cette suite non interrompue de combats si sanglans, M. de Mélas fut

de semblable de ces tristes débris de l'armée
d'Italie ? qui aurait cru que, malgré la disproportion la plus marquée des moyens et des
forces, ces malheureux soldats, sans pain et
sans argent, sans habits et sans chaussure,
souvent sans munitions, à la fin presque sans
chefs, n'ayant plus au monde que le sentiment de l'honneur national, aient encore été
en état de soutenir plus de soixante-dix jours
de combats ou batailles, aient détruit à l'ennemi plus de monde qu'ils n'étaient de combattans; lui aient pris plus d'hommes qu'ils
n'en avaient à lui opposer ; l'ayant souvent
combattu avec ses propres cartouches (139),
et subsisté de son pain; ayent contenu, au
milieu de tous ces événemens, une popula-

à plusieurs reprises obligé de rafraîchir et de renforcer
les troupes du blocus, et de tenir constamment ses
hommes d'élite autour de Gênes.

(139) Nous étions à proportion presqu'aussi pauvres
en munitions qu'en subsistances.

Au moment où nous fûmes bloqués, la crainte de
manquer de poudre fut une de celles qui occupèrent le
plus le général en chef. On travailla de suite à en
fabriquer, mais on ne put en faire pendant le blocus
que 12,000 livres; lors de l'évacuation, il ne restait
pas dans les arsenaux 4000 livres de poudre, celle
avariée y comprise; et cela pour le service de l'artillerie, de l'infanterie, et des pièces des côtes (les plus

tion de plus de cent soixante mille ames (140);
aient défendu par terre et par mer une ville
dans laquelle il faut, suivant les règles, vingt
mille hommes de garnison (141); aient vécu
d'une nourriture que les chiens refusaient ;
aient supporté dans cet état soixante jours de
blocus, quarante - cinq jours de siége, quinze
jours de marches continuelles dans les rochers
les plus difficiles, et sur les montagnes les plus
escarpées ; et sans compter tous les jours de
combats qui les ont suivis, toutes les nuits de
bombardement, la famine plus terrible que
tous ces maux, et la misère accablante qui y
mettait le comble? Mais aussi qu'elles pertes
de notre part ! que d'efforts inouis ! et à quel

---

approvisionnées de toutes), qui pourtant ne l'étaient
pas à dix coups chacune. Si l'on songe que chaque nuit
de bombardement nous coûtait près de deux milliers
de poudre, on sentira que si l'ennemi avait connu notre
disette, quant à cet objet, il pouvait en deux jours
épuiser toutes nos munitions.

(140) Gênes offre une population de 120,000 ames,
Albaro, Saint - Martin, Bisagno, Saint - Pierre-
d'Arena, etc., y en ajoutaient plus de 40,000.

(141) Non-seulement la ville de Gênes fut préservée
d'une attaque de vive force tant de fois annoncée, non-
seulement le peuple était contenu, mais même toutes
les approches de la place furent constamment défen-
dues ; et il fallut pour cela un triple effort, celui de

prix avons-nous acquis tant de gloire (142)!
Le lieutenant-général Soult fut pris et blessé.
De trois généraux de division, un mourut de
l'épidémie (le général Marbot), et un fut
blessé (le général Gazan). De six généraux de
brigade, quatre furent blessés (Gardanne,
Petitot, Fressinet, et Darnaud). De douze adjudans-généraux, six furent blessés (Cerisa,
Mathis, Hector, Reille, Gauthier, et Noël
Huard); un fut blessé et pris (Campana);
un fut tué (Fautuci) : les officiers d'état-major et aides-de-camp furent aussi cruellement
traités ; deux d'entre eux furent tués, sept
pris, et quatorze blessés, parmi lesquels plusieurs le furent deux fois : le capitaine Marceau
(frère de feu le général de ce nom) le fut en
trois affaires différentes, trois fois en trente-
un jours. Onze chefs de corps, sur dix-sept,

---

résister à l'ennemi, celui de supporter la misère, et
celui de la faire supporter à une population de 160,000
ames. Il est vrai qu'à la fin du blocus, l'excès du mal
rendit ce dernier effort peu pénible. Ce malheureux
peuple, par les effets de la famine, des épidémies,
et de toutes les calamités que peuvent engendrer les
guerres les plus cruelles, était réduit à un état d'a-
néantissement tel, que la force physique nécessaire
pour une insurrection n'existait réellement plus.

(142) Les ravages de cette misère ne se borneront
pas aux braves que nous avons perdus à Gênes même ;

furent blessés, tués, ou pris. Les trois quarts des officiers de corps le furent également (143), ainsi que cinq à six mille combattans, sur douze mille.

Et si l'on défalque encore près de trois mille hommes qui, par leur épuisement et leur dépérissement, étaient hors d'état de faire leur service, on ne trouvera plus dans dix-sept demi-brigades que deux à trois mille hommes en état de se battre la veille du jour de la

---

chaque jour ajoute parmi nos troupes, de nouvelles victimes à celles que les maladies nous ont déjà enlevés, et la moindre fatigue en conduit dans les hôpitaux un nombre d'autant plus grand, qu'il a été impossible d'empêcher que l'intempérance ne suivît de si longues et de si cruelles privations. Quant aux habitans, il en meurt, depuis l'évacuation, près de cent par jour.

(143) Rien n'est plus digne d'éloge et d'admiration, que la conduite des officiers des corps dans ce blocus ; pénétrés de la nécessité de commander par leur exemple, leur dévouement, et les efforts que les circonstances rendaient indispensables, ils se dévouèrent de la manière la plus honorable. Un exemple suffira pour prouver cette vérité. De 97 officiers qui au commencement du blocus se trouvaient dans la 2e de ligne, il n'y en eut que deux qui ne furent point blessés. La première cause de cet héroïsme fut sans doute la valeur nationale; mais ce qui ne dut pas manquer d'y contribuer beaucoup, ce fut le rare mérite des chefs de presque tous les corps, qui avaient

convention d'évacuation (144) : nous disons la veille, parce que le jour même, les troupes, n'ayant reçu dans la distribution, qui ne laissa rien dans aucun magasin ni dans aucun four, que deux onces de l'espèce de pain qu'on leur donnait, il est facile de concevoir qu'elles étaient hors d'état de faire une marche, ou seulement de suffire à aucun mouvement (145).

Après tant d'efforts de constance, que peut-

---

en eux d'inappréciables trésors.... Comment ne pas consigner ici cette vérité, et ne pas nommer les citoyens Vouillemont, chef de la 73e ; Cassagne, chef de la 3e légère ; Mouton, chef de la 3e de ligne ; Godinot, chef de la 25e légère ; Perin, chef de la 2e de ligne, etc.

(144) Dans ces 2 à 3,000 combattans, un grand nombre avait encore, à raison de leur faiblesse, l'autorisation de faire faction assis.

(145) Les rues et les places étaient ce jour là pleines de soldats couchés, et qui n'avaient pas la force de se relever. Aussi étions-nous perdus si l'ennemi (ainsi qu'il en avait reçu l'ordre) avait ce jour là levé le blocus : notre détresse était telle, que dans cette dernière supposition, nous aurions été obligés de capituler avec les Anglais pour ne pas mourir de faim ; les environs de Gênes n'offraient aucune espèce de ressources, et nous ne pouvions plus être sauvés ; c'est-à-dire, nourris par l'ennemi. Ainsi débloquer Gênes n'était plus rien, si l'on ne pouvait en même tems le ravitailler ou du moins sustenter l'armée.

il manquer à la gloire de cette armée et de son chef? Rien, si ce n'est d'avoir eu un succès digne de l'un et de l'autre.

C'est à quoi la fermeté du général Massena sut encore suppléer, lorsqu'il n'avait plus pour se soutenir que la force de son caractère.

C'est par elle qu'il en imposa à l'ennemi, au point de ne pas permettre que le mot de *capitulation* fût seulement employé dans la rédaction du traité d'évacuation de Gênes. C'est par elle qu'il obtint des conditions tellement honorables, qu'elles sont jusqu'à présent sans exemple (146); qu'il dicta même des conditions à l'ennemi (147); et qu'ainsi qu'un officier autrichien l'observa avec tout Gênes, ce fut l'ennemi qui eut l'air de capituler avec lui.

Présentons par un mot le résumé de tout ce qui précède : ce mot consiste à dire que

(146) Deux petites républiques, (la Suisse et la Ligurie) ont été pour le général Massena, les théâtres d'une grande gloire.

Dans la première (où il soutint à lui seul toute la République), ses victoires sauvèrent la France.... Que n'a-t-il pas fait dans la deuxième, d'où il contribua si puissamment aux résultats des opérations de cette campagne toute magique!

(147) Voyez les articles 10 et 11, &c. de la négociation.

pendant soixante jours , le général Massena a fait , presque sans troupes , la guerre à toute une armée , s'est battu souvent sans munitions , a suffi sans fonds à d'inévitables dépenses, et a nourri l'armée sans magasins.

Ce rapprochement nous offre tout ce qui tient au blocus de Gênes ; tout , excepté la gloire des braves qui s'y sont immortalisés.

F I N.

De l'Imprimerie-DEMONVILLE , rue Christine, n°. 12.

HAUTEUR.	DÉVIATION qui suppose celle de la hauteur de $56^{d}\,30' = 0$.	VRAIE DÉVIATION du Mural avec le Méridien.
20$^{deg.}$	— 8″,3	— 8″,8
25.	— 7,0	— 7,5
30.	— 5,8	— 6,3
35.	— 4,6	— 5,1
40.	— 3,3	— 3,8
45.	— 2,1	— 2,6
50.	— 0,8	— 1,3
55.	+ 0,5	— 0,0
60.	+ 1,8	+ 1,3
65.	+ 3,0	+ 2,5
70.	+ 4,3	+ 3,8
75.	+ 5,6	+ 5,1
80.	+ 6,9	+ 6,4

9 782013 683357